Elke Striowsky

Mini-Schweine

Haltung, Pflege, Erziehung

KOSMOS

Elke Striowsky beim täglichen Training mit ihrem Clickerschweinchen Theo.

Zu diesem Buch

Ein neuer Boom macht sich in Deutschland breit. Und wie bei allem, was in Mode kommt, gibt es Sonnen- und Schattenseiten. Minischweine sind „in", aber kaum jemand weiß, wie diese liebenswerten, intelligenten und aktiven Tiere artgerecht zu halten, zu erziehen, zu beschäftigen sind.
Einesteils kann die Haltung in Privathaushalten dazu beitragen, das häufig negative Bild über Schweine – auch das der großen Nutztiere – zurechtzurücken, andererseits haben wir seit Jahren damit zu tun, „Wegwerfschweinchen", die – kaum dem Ferkelalter entwachsen – ihren Besitzern im wahrsten Sinne des Wortes über den Kopf wachsen, aufzunehmen und ein neues Zuhause für sie zu suchen. Sie werden größer und schwerer, als der Züchter versprochen hat, sie kommen ins Flegelalter, oder junge Säue „vergessen" in der Rausche alles, was sie schon längst konnten, pieseln auf den Teppich oder schnappen nach ihren Menschen. Solche Probleme führen häufig zu einer vorschnellen Abgabe, weil niemand da ist, der kompetenten Rat geben kann.

Harmonie zwischen Menschen und Schweinen auf dem Hof der „Nutztierarche Schweineparadies".

Elke Striowsky nähert sich den anfangs scheuen Ferkeln mit viel Geduld.

Diese bedauernswerten Rüsselchen landen dann im besten Fall im Tierheim oder bei uns und werden von dort an neue Besitzer vermittelt, viele werden aber auch ausgesetzt oder gar geschlachtet.
Mein Buch sollten Sie möglichst schon vor dem Einzug Ihrer Schweinchen lesen, damit Probleme erst gar nicht entstehen. Aber auch wenn Sie schon so ein nettes Haustier besitzen, werden Sie damit manches Fehlverhalten korrigieren können oder richtig einzuordnen wissen. Der Verein Menschen für Schweine e. V. ist eine Tierschutz-Organisation, die auf jahrelange Erfahrung in der Haltung von Minischweinen zurückblicken kann. Gerade der Umgang mit ehemaligen Problemfällen hat uns viel über diese wundervollen Tiere gelehrt.
Meine eigene Erfahrung aus jahrelanger Haltung und ebenso langer Beratertätigkeit im Internet fließt in dieses Buch ein, das ich allein aus dem Grund geschrieben habe, Ihnen und meinen Lieblingen, den Schweinen, zu helfen.

Elke Striowsky
Vorsitzende Menschen für Schweine e. V.

So sind Minischweine

Von Schweinen und Menschen

1

2

Der Hund stammt vom Wolf ab; ein Hund ist immer auch ein bisschen Wolf, aber ein Wolf niemals ein Hund. Das ist seit den herausragenden Forschungen und Publikationen von Erik Ziemen fast jedem bekannt. Hunde wurden in Jahrtausenden der selektiven Zucht unter dem Kriterium gezüchtet, sich völlig auf eine andere Tierart – nämlich den Menschen – einzustellen. Aber wie ist das mit den Schweinen?

Am Anfang war das Wildschwein

Das Schwein, auch jedes noch so kleine Minischwein, hat seine Vorfahren noch heute in den europäischen Wäldern: Das Wildschwein (Sus scrofa) ist das einzige wehrhafte Wild, das allen Hindernissen zum Trotz nicht ausgestorben ist und dank seiner unglaublichen Anpassungsfähigkeit auch hoffentlich nie aussterben wird.
Dass das Wildschwein mit seinem gefährlichen Gebiss in

Wildschweine sind sehr aktive und neugierige Tiere, ob im Wasser oder zu Land.

der Lage ist, andere Tiere und auch Menschen zu töten, bedeutet nicht, dass es ein Raubtier ist. Es war – und ist es in seinen Instinkten bis heute – ein Beutetier für Wolf oder Luchs. Es ist wichtig, das zu wissen, weil vieles, was der Mensch mit seinen Minischweinen macht, aus eben diesem Grund bei diesen auf wenig Gegenliebe stößt. Anders als Hunde lassen sich Minis nicht wie selbstverständlich umarmen, festhalten oder an ein Geschirr gewöhnen. Jedes Wildschwein, das sich nicht heftig gegen die „Umarmung" eines Wolfes wehrte und mit lautem Schreien seine Artgenossen zu Hilfe rief, war dem Tode geweiht. Wie diese natürliche Barriere, diese Urangst, mit viel Liebe und Geduld überwunden werden kann, lesen Sie ab Seite 110 .
Vor rund 10.000 Jahren begann der Mensch, das Wildschwein nicht nur zu jagen, sondern zielstrebig zu züchten. Schnell erkannten unsere Vorfahren, wie leicht diese

1 Die Streifung der Frischlinge verliert sich bis zum 4. Lebensmonat vollständig.

2 Im Kreis ihrer Geschwister lernen Frischlinge soziales Verhalten.

Tiere zu zähmen, zu halten und zu vermehren waren. Dabei spielten völlig andere Zuchtkriterien als bei der Domestikation des Wolfes eine Rolle. Schweine sollten Nahrungsmittel sein, keine Begleiter, Bewacher, Hüter der Herden oder gar Schmusetiere für die Kinder. So wurden zwar die Körper der eher athletischen Wildschweine bis zur Perversion der heutigen Hybridschweine verändert, ihre natürlichen Anlagen und Instinkte aber kaum.
Schon die alten Römer und Germanen züchteten Schweine. Während die römischen Tiere dem modernen Typ schon sehr ähnelten, sahen nordeuropäische Hausschweine bis ins späte Mittelalter wie kleine Wildschweine aus. Der uns heute bekannte Typ des Hausschweins hat seinen Ursprung in der gezielten Zucht mit englischen Schweinen; auf der Insel wurden schon im 18. Jahrhundert asiatische und südeuropäische Schweine mit kurzer Schnauze und Ringelschwanz eingekreuzt.

Verehrt und verachtet

Schweine wurden in der Vergangenheit als Gottheiten verehrt, Göttern geopfert, galten als eklig oder als Glücksbringer. In verschiedenen Religionen gelten sie als unreine Tiere oder werden unter schlimmsten Bedingungen gehalten. Auch die bei uns übliche Haltung auf Spaltenböden, die betäubungslose Kastration männlicher Ferkel oder die Anbindehaltung von Muttertieren ist tierunwürdig. Tiere sind leidensfähige Mitgeschöpfe. Wer Fleisch nach der Mentalität „Geiz ist geil" einkauft macht sich mitschuldig an ihrem Leid.

Mensch und Schwein – wir sind uns ähnlich

Das erkannten Ärzte und Wissenschaftler schon früh. Schweine wurden seziert und untersucht, als eine Obduktion beim Menschen noch als Leichenschänderei betrachtet wurde. Heute gibt es Schweine mit menschlichem

Die Idylle trügt. Heute werden Schweine überwiegend in engen Buchten ohne Stroh und auf Spaltenböden gehalten.

Immunsystem, Schweinehaut hilft Verbrennungsopfern, Organe werden transplantiert, Herzklappen eingesetzt, Operationen geprobt. Was lag da näher, als ein handliches Schwein zu züchten, das anspruchslos in der Haltung ist, in Versuchslabors nicht so viel Platz einnimmt, wenig Kosten verursacht und leicht zu reproduzieren ist? So wurde in Deutschland vor rund 50 Jahren die Idee zum Göttinger Minischwein geboren. Die Zucht kleinerer Rassen gelang durch das Einkreuzen von europäischen und asiatischen Wildschweinen. Minischweine haben deshalb den für Wildschweine typischen geraden Schwanz und kleine Stehohren. Minischweine sind in den gesunden Linien durchaus robuster und ursprünglicher als ihre großen Artgenossen.

Minischwein-Rassen

Es gibt nur wenige Minischwein-Rassen, die festen Zuchtkriterien unterliegen. Es ist deshalb richtiger, von Zuchtlinien zu sprechen und nicht von Rassen. Seit einigen Jahren kreieren Züchter in Deutschland eigene Phantasienamen für ihre Linien, die meist mit dem Herkunftsort etwas zu tun haben. Zu nennen sind hier:

- die Bergsträsser Knirpse,
- das Wiesenauer und
- das Bodensee Minischwein.

Selbst Wurfgeschwister variieren in Größe und Farbe oft ganz erheblich.

Eine sichere Wachstumsprognose kann für diese Linien niemand geben. Auch haben sie kein einheitliches Erscheinungsbild in Körperbau und Borstenfarbe. Zahlreiche Beispiele können belegen, dass Minischweine dieser Linien entgegen der Aussagen der „Züchter“ 70, 100 und gar 140 Kilo schwer geworden sind. Tatsache ist,

Check: Beim Kauf beachten

- ☐ *Seriöse Züchter haben ihre Zucht beim Veterinäramt, der Tierseuchenkasse und der zentralen Datenbank für Schweine angemeldet und machen Sie darauf aufmerksam, dass auch Sie Ihre Tiere anmelden müssen.*
- ☐ *Die Schweine haben Ohrmarken.*
- ☐ *Seriöse Züchter garantieren kein Endgewicht und keine Endgröße.*
- ☐ *Sie versuchen nicht, durch tierquälerische Zuchtauswahl und Hungerpläne besonders kleinwüchsige Tiere anzubieten.*
- ☐ *Sie zeigen die Elterntiere und nennen deren tatsächliches Alter.*
- ☐ *Sie geben Ferkel nicht vor einem Alter von 8 bis 10 Wochen ab.*
- ☐ *Ihre Tiere sind sauber, haben keinen von Kot verschmierten After (Durchfall), haben gepflegte Klauen, keine tränenden Augen und keine extrem schuppige Haut.*
- ☐ *Die Ferkel haben die nötigen Wurmkuren bekommen.*
- ☐ *Sie sind lebhaft und neugierig.*
- ☐ *Die Zuchttiere werden artgerecht in einem großen Gehege mit Stall und isolierten Hütten gehalten und sind nicht scheu.*
- ☐ *Seriöse Züchter stehen vor und nach dem Kauf mit fachkundigem Rat zur Seite.*

dass niemand bei einem Minischwein eine genaue Vorhersage über die Endgröße und das Endgewicht machen kann, weil selbst die anerkannten Rassen erst seit wenigen Jahrzehnten gezüchtet werden, und sogar Wurfgeschwister in Aussehen und Größe extrem variieren können. Oft schlägt das Erbe ihrer größeren Vorfahren wieder durch. Die meisten Minischweine sind Mischformen aus den auf Seite 16 genannten „Rassen". Machen Sie sich also darauf gefasst, dass Minischweinferkel und Jungtiere wie eine Wundertüte sind!

1 Hängebauchschwein

Münchner Miniatur Schwein

Das Münchner Miniatur Schwein, auch Münchner Troll genannt, wird leider kaum noch gezüchtet. Es spielt in der heutigen Hobbyhaltung keine Rolle, obwohl es ein wunderschönes Schwein mit liebenswerten Eigenschaften ist. Trollschweine erinnern im äußeren Erscheinungsbild stark an kleine Wildschweine, haben keinen Hängebauch und sind von angenehmem Temperament und leicht zu erziehen. Entstanden ist dieser hochbeinige Typ aus dem südamerikanischen oder kolumbianischen Portionsschwein und dem Hanford-Minischwein.

Minnesota Minipig

Aus Amerika kennen wir die relativ kleinen Minnesota Minipigs, die jedoch in Reinzucht in Deutschland nur selten vorkommen. Sie werden gerne eingekreuzt, um die anderen Rassen entsprechend zu verkleinern. Diese kleinen Schweine kommen in allen Farben vor. Sie haben einen längeren Nasenrücken und kaum einen Hängebauchansatz. Sie sind ausgesprochen gelehrig und wiegen tatsächlich oft nur rund 30 Kilo.

Göttinger Minischwein

Feste Standards gibt es beim Göttinger Minischwein, das aus dem Minnesota Minipig und Hängebauchschweinen gezüchtet wurde. Eigens für medizinische und kosmetische Versuche wurde durch Einkreuzen der Deutschen Landrasse die unpigmentierte, also weiße, Linie gezüchtet. Bunte Göttinger Minischweine sind größer und schwerer als die weißen Verwandten .

2 *Göttinger Minischwein*

3 *Minesota Minipig*

Hängebauchschwein

Hängebauchschweine sind überwiegend schieferschwarz, aber es gibt sie auch mit weißen Abzeichen. Sie sind verwandt mit dem südostasiatischen Wildschwein, dem Bindenschwein. Sie neigen zu starker Verfettung. Die Folge ist oft Blindheit durch eine zu dicke Stirnfalte, die entweder komplett über das Auge fällt oder aber das Verhältnis von oberer und unterer Lidmuskulatur verschiebt und dadurch zu einem Rolllid führt. Gerade bei diesen Tieren müssen Sie auf gutes Futter von nicht zu hoher Energiedichte achten, d. h. wenig Getreide, viel Grünzeug und viel Hackfrüchte zu füttern.

Wie ein Dackel ein vollwertiger Hund, ein Shetland Pony ein richtiges Pferd ist, so sind Minischweine richtige Schweine. Mit allen anatomischen Besonderheiten, Sinnen, Instinkten und Bedürfnissen, die diesen Tieren eigen sind. Und um sie artgerecht halten zu können, muss man diese Besonderheiten kennen.

Biologie der Minischweine

Rüssel in die Höh'!
Wer kommt denn da? Minischweine haben einen hervorragenden Geruchssinn.

Anatomie und Sinne

Äußerlich erinnert beim normalen Hausschwein kaum noch etwas an seine Ahnen, das europäische und asiatische Wildschwein.

Der Körperbau Die Haut von Hausschweinen hat nur spärliche Borsten. Meist haben sie sehr große Schlappohren, einen Ringelschwanz und einige Rippenpaare mehr. Ganz anders ist das beim Minischwein. Alle Mini- und Hängebauchschweine haben wie das Wildschwein kleine Stehohren, ein üppiges Borstenkleid und ein gerade nach unten hängendes Schwänzchen. Sie können ihre Borsten bei Aufregung oder Wohlbehagen aufrichten und haben dadurch mehr körperliche Ausdrucksmöglichkeiten als ihre großen Artgenossen.

Minis stehen auf kurzen, kräftigen Beinen mit mehreren Zehen. Sie sind Paarhufer. Auf den beiden vorderen, großen Zehen laufen sie und die beiden hinteren können sie abspreizen, um nicht im Schlamm einzusinken.

Der Rüssel Der außergewöhnlichste Körperteil des Schweins ist sein Rüssel. Mit diesem Wunderwerk der Natur übertrifft es sogar den Hund. Kein Tier hat eine Nase mit so vielen Riechzellen. Ein Schwein riecht einen Menschen auf bis zu 300 Meter Entfernung. Es findet Futter zielstrebig bis zu 60 Zentimeter tief unter der Erde. Kein Wunder, dass die Tiere als Trüffelschweine eingesetzt werden und auch als Drogensuchschweine Karriere gemacht haben!

Der Rüssel ist nicht nur bei der Nahrungssuche wichtig, wobei er wie eine starke, geschickte Hand den Boden umwühlt, sondern spielt auch bei der sozialen Körperpflege eine wichtige Rolle. Gerne werden wechselweise die Bäuche und Innenseiten der Flanken beknabbert und die Ohren abgeschnüffelt. Dankbar nehmen unsere Minis ähnliche Streicheleinheiten mit der Hand oder einer Bürste von uns an. Diese Form der Körperpflege stärkt den Zusammenhalt von Mensch und Tier.

Hören und Riechen sind bei Schweinen die wichtigsten Sinne. Wundern Sie sich nicht, dass Ihre Minischweine gerne an Ihren Füßen rüsseln! Bei Schweinen sitzen an den Unterschenkeln die Karpaldrüsen, an deren Geruch die Tiere sich erkennen können. Vor allem junge Schweine senken zur Begrüßung gerne den Kopf, um zu schnuppern, ältere beriechen häufiger gegenseitig ihre Rüssel zur Begrüßung. Luftdichte Gummistiefel irritieren Minischweine deshalb häufig, wenn zur Erkennung nicht gleichzeitig mit ihnen gesprochen wird.

Die Augen Die kleinen, kurzsichtigen Augen spielen bei Schweinen keine sehr große Rolle.

Das Gebiss Ferkelchen werden mit nur acht kleinen, harmlosen Milchzähnchen geboren, vier oben und vier unten. Mit ungefähr einem Monat sind es je zehn Zähne

Info

Der „Geruchs-Check“

Unsere Minis erkennen uns am Geruch. Deshalb müssen wir darauf achten, wie wir riechen. Gehen Sie nicht unbedingt dann zu Ihren Schweinchen, wenn Sie gerade den Sauenstall des Bauern nebenan besucht haben! Gehen Sie vorher unter die Dusche und ziehen Sie sich um! Es muss nicht, kann aber passieren, dass Ihre ansonsten friedfertigen Hausgenossen ungewöhnlich, nämlich aggressiv, auf Sie reagieren. Sollten Ihre Schweinchen Sie einmal unerwartet unfreundlich begrüßen, sollten Sie immer überprüfen, ob Sie gefährliche Düfte mit sich herumschleppen, die Ihre Beziehung trüben könnten.

im Ober- und Unterkiefer. Ab jetzt kommen die Kleinen schon recht gut mit fester Nahrung zurecht und nehmen sie auch gerne an. Gesäugt werden sie aber noch sehr viel länger. Lässt man die Ferkel bei ihren Müttern, bedienen sie sich gerne bis zu einem Alter von vier Monaten an der wärmenden Quelle. Dann sind auch die letzten noch fehlenden Milchzähne durchgebrochen und die Anzahl erhöht sich auf 28 Zähnchen. Sie teilen sich auf in jeweils oben und unten sechs Schneidezähne, zwei Eckzähne und sechs Prämolaren (Vorbackenzähne).

Nach und nach werden die Lücken von den ersten bleibenden Zähnen gefüllt. Mit einem Jahr haben Schweine rund 40 Zähne, bis zwischen dem 15. und 18. und mit individuellen Schwankungen bis zum 24. Monat durch den Zahnwechsel langsam das bleibende Gebiss komplettiert wird. Erst dann haben Minischweine mit 44 Zähnen ihr komplettes bleibendes Gebiss:

Sechs Schneidezähne, zwei Eckzähne, acht Prämolaren (Vorbackenzähne) und sechs Molaren (Backen- oder Mahlzähne) je im Ober- und Unterkiefer gehören dazu. Die nach oben wachsenden Eckzähne werden bei Ebern Hauer genannt. Treffender ist hier die Jägersprache, die von „Waffen“ oder dem „Gewaff“ spricht. Denn gefährliche Waffen können sie tatsächlich sein. Sie wachsen permanent und können eine beachtliche Größe erreichen. Da sie bei vorschriftsmäßigem Wachstum ständig gegeneinander reiben, können sie rasierklingenscharf werden. Gelegentlich wachsen sie in die falsche Richtung und stören die Tiere beim Fressen. Manchmal wachsen sie gar durch die Haut. Spätestens dann müssen Sie vom Tierarzt oder einem erfahrenen Halter gekürzt werden.

Es ist wichtig, in jungen Jahren die Zähne mit gesunder Ernährung und dem Erhalt der Kaufähigkeit widerstandsfähig zu machen, damit die Tiere im Alter keine Zahnprobleme bekommen.

1 Die „Waffen“ (Hauer) eines noch jungen Wildschweinkeilers.

2 Der Größenunterschied zwischen Ferkeln und Mutter ist enorm.

3 Säue sind sehr fürsorgliche Mütter und brauchen bei der Aufzucht keine Hilfe.

1

Normalwerte		
	Erwachsenes Minischwein	**Besonderheiten**
Temperatur	38–39 °C	Bei Ferkeln bis 39,5° C normal
Puls in Ruhe	60–80 Schläge pro Minute	Bei Ferkeln 120–200 Schläge pro Minute
Atemfrequenz	In Ruhe: 10–20 Atemzüge pro Minute	In Bewegung: Bis zu 30–80 Atemzüge pro Minute
Geschlechtsreife	Säue: Mit 4–6 Monaten Eber: Oft schon mit 6 Wochen	Ausgewachsen aber oft erst mit 4–5 Jahren

2

3

Körperfunktionen

Wärmeregulation Schweine haben im Verhältnis zur Körpermasse ein sehr kleines Herz. Verbunden mit ihren Problemen der Temperaturregulierung und ihrer Stressanfälligkeit ist das ein hohes Gesundheitsrisiko. Die thermoneutrale Zone, also die Umgebungstemperatur, in der erwachsene Schweine ihre Körpertemperatur am besten halten können, liegt bei 10° C bis 15° C. Neugeborene Ferkel bis zum Alter von rund vier Wochen sollten nach Aussagen fast aller Experten und Tierärzte eine Umgebungstemperatur von 30° C haben.

Ein großes Problem ist für unsere Schweine ein heißer Sommer. Sie können nicht schwitzen, weil sie keine Schweißdrüsen haben. Ab 18° C sollten sie deshalb die

Tipp

Tierschutz vor Zuchtwunsch

Widerstehen Sie bitte dem verständlichen Wunsch, eigene Ferkel aufzuziehen! Es ist oft schwierig, wirklich gute, dauerhafte Plätze für Schweine zu bekommen. Es warten schon viele Schweine in Tierheimen auf ein neues Zuhause.

Möglichkeit haben, eine Suhle aufzusuchen. Wenn Schweine anfangen, vor Hitze mit offenem Maul zu hecheln, trocknen sie schnell aus. Ihr Säure-Basen-Haushalt gerät dadurch durcheinander, und sie erleiden einen Kreislaufkollaps, der zum Herztod führen kann.
Kälte vertragen erwachsene Minischweine erstaunlich gut, jedenfalls wesentlich besser als Hitze.

Puls Fühlen lässt sich der Pulsschlag am besten an der Wurzel des Schwanzes, die Sie mit Daumen und Zeigefinger umfassen können (Ruhepuls siehe Tabelle Seite 21).

Körpertemperatur Die Körpertemperatur ist höher als die des Menschen; 38° bis 39° Grad ist bei Ihrem Minischwein kein Fieber. Bei Ferkeln ist auch 39,5° Grad kein Grund zur Sorge. Erst darüber fängt eine erhöhte Temperatur an.

Atemfrequenz Ein ruhendes Schweinchen atmet in der Minute zwischen 10- und 20mal. Wenn es durch Ihren Garten rennt, kann die Frequenz sich bis auf 30 bis 80 Atemzüge erhöhen.

Größe und Gewicht Minischweine werden bis zu 100 Kilo schwer und 40 bis 75 Zentimeter hoch. Die meisten pendeln sich allerdings bei rund 50 Kilo ein.

Fortpflanzung Kleine Säue sind mit vier bis sechs Monaten geschlechtsreif. Ab jetzt kommen sie alle 21 Tage in die so genannte Rausche, die insgesamt rund eine Woche andauert. Die Rausche ist die Zeit, in der die Sau gedeckt werden kann, also brünstig ist. Werden so junge Säue schon trächtig, bekommen sie wie „Frischlingsbachen" meistens nur zwei Ferkel.
Manche Tiere benehmen sich in der Hochrausche drei Tage lang etwas seltsam (siehe Seite 33), verfolgen Menschen, verteilen Liebesbisse und wollen aufreiten. Bei vielen ist nur an der leicht geschwollenen, geröteten Scham und etwas weißem Ausfluss zu sehen, dass das Tier bereit zur Paarung ist.

1 Frisch aus der Suhle: Unsere „Gerda" ist ein besonders großer Hängebauchmischling.

2 Gesuhlt wird nur bei schönem Wetter.

Eber sind oft schon im zarten Alter von sechs Wochen am anderen Geschlecht interessiert. Es ist daher wichtig, sie so früh wie möglich von einem Tierarzt unter Narkose kastrieren zu lassen.

Wachstum Trotz der frühen Geschlechtsreife sind Minischweine ansonsten spät reife Tieres, die erst mit vier bis fünf Jahren ausgewachsen sind. Erst wachsen sie gut zwei Jahre in die Höhe, dann nehmen sie an Masse und Format zu. Meine Minisau Maja passte mit zwei Jahren noch durch die Hühnerklappe im Stall. Jetzt, nach vier Jahren, kann sie nicht einmal mehr den Kopf durch diese Öffnung stecken. Dabei gehört Maja nicht einmal zu den besonders großen Minischweinen.

Pubertät Mit zirka 18 bis 24 Monaten kommen Minischweine in die Pubertät. Sie sind jetzt Teenager mit all ihren kleinen und großen Flegeleien. Ähnlich wie junge Hunde, die plötzlich alles verlernt zu haben scheinen, was man ihnen mit viel Mühe beigebracht hat, sind auch Minischweine in diesem Alter oft aufsässig und brauchen klare Grenzen. In der Natur würden sie ungefähr jetzt noch einmal mit Gleichaltrigen eine neue Rangordnung auskämpfen.

Passen Sie bitte höllisch auf, wenn Sie kleine Kinder im Haus haben, dass Ihre Schweinchen nicht denken, Kinder seien eben diese Artgenossen! Zwar führen sie meistens untereinander keine Verletzungskämpfe, aber sie könnten mit ihrem Gebiss einen Menschen ernsthaft verletzen. Mit Ihnen selbst dürfte es keine Probleme geben, wenn Sie es nicht versäumt haben, klar und deutlich zu machen, dass Sie Rottenführer sind. Der Rottenführer wird unter normalen Umständen niemals angegriffen. Sie können sogar, wenn Sie genug Autorität besitzen, mit lautem „Nein!" zwei Kontrahenten trennen. Rangordnungskämpfe werden in diesem Alter immer unterhalb der Rottenführung ausgetragen.

Rangordnungskampf zwischen zwei jungen, kastrierten Ebern.

Wie Minischweine sprechen

Schweine sind sehr kommunikativ

Minischweine verfügen über ein großes Repertoire an Ausdrucksmöglichkeiten, sowohl mit ihrer Stimme, als auch in Mimik und Körpersprache. Wenn Sie Ihre Schweinchen gut beobachten, werden Sie bald jedes „Wort" verstehen. Übrigens gilt das auch umgekehrt; reden Sie mit Ihren Minischweinen so oft wie möglich! Sie werden Ihnen mit freundlichem Grunzen antworten und erzählen, was sie erlebt haben. Wenn Ihre Schweinchen Sie in ihre Gespräche einbeziehen, gehören Sie dazu, zur Schweinefamilie.

Schweine eignen sich im Laufe der Zeit einen riesigen, passiven Wortschatz unserer Sprache an. Ihre Intelligenz ist deutlich höher entwickelt als die der Hunde, wie wissenschaftliche Untersuchungen des Universitätsprofessors Donald Broom von der Cambridge University Veterinary School belegen: „Schweine besitzen die kognitive

Fähigkeit, sich sehr differenziert zu verhalten. Sogar noch mehr als Hunde und ganz sicher als dreijährige Kinder." Schweine kommunizieren ständig leise miteinander. Mehr als 20 ihrer Oinks, Grunzlaute und Quieker wurden von Wissenschaftlern für verschiedene Situationen unterschieden, vom Werben um ihre Partner bis zur Äußerung von: „Ich hab Hunger!" Aber obwohl Schweine oft pausenlos reden, sind sie doch normalerweise beileibe keine lauten Tiere.

So verstehen Sie Ihre Schweine richtig

Leises Grunzen Ihr freundliches Kontaktgrunzen ist je nach Temperament nur ganz leise zu vernehmen. Es ähnelt dem Grunzen, mit dem Muttertiere ihre Ferkel locken, wenn sie sich zum Säugen hingelegt haben.
Lautes Grunzen im Stakkato Es dient der Begrüßung.
Lautes Grunzen mit Röcheln Fremde werden meistens mit lautem Grunzen begrüßt, bei dem hörbar die Luft mit einem fast röchelnden Ton eingezogen wird. Es dient dem Aufsaugen der Duftinformationen über den Besuch. Es ist kein Zeichen von Aggression, sondern eher von lebhafter Neugierde.
Schmatzen und tänzeln Aggressive Minischweine stellen die Nackenhaare hoch, heben den Oberkörper an und fangen tänzelnd an zu schmatzen. Zum Schluss schlagen sie seitlich mit dem Kopf. Einem Schweinchen, das Sie auf diese unfeine Art begrüßen möchte, sollten Sie besser nicht die Hand entgegenstrecken! Es ist dann extrem aufgeregt, verärgert und in Kampfesstimmung. Weniger selbstbewusste Exemplare senken den Kopf und tun so, als sei alles in Ordnung. Sie starten dann blitzschnell von der Seite eine halbherzige Attacke, die vorher nur von erfahrenen Schweinekennern wahrgenommen wird. Unangenehm sind solche weniger schlimmen Beißattacken aber allemal.

So sieht ein abwartendes, leicht unsicheres Minischwein aus.

Heftiges Grunzen, lautes Schnaufen Während das Grunzen wichtigen Funktionen bei der Geburt, beim Säugen, Locken, Erkennen und der Stimmfühlung in der Rotte dient, ertönen das modifizierte, heftigere Grunzen und das laute Schnaufen als Warn-, Alarm- und Werbelaute. Minischweine haben einen enormen „Luftdruck", wenn sie einen Freuden- oder Schreckensspurt einlegen.

Schreien und Quieken Schreien und Quieken sind den besonders unangenehmen Situationen im Leben eines Schweins vorbehalten. Eine davon ist Hunger. Zwei hungrige Minischweine können eine ganze Wohnsiedlung um den Schlaf bringen. Aber auch aus Angst, vor allem wenn der Tierarzt kommt, können Minischweine ein Höllenspektakel veranstalten. Zusammenfassend kann gesagt werden, dass Minischweine, die schreien, entweder in Abwehr- oder Kampfstimmung sind, Angst oder Schmerzen empfinden, etwas suchen oder Hunger haben.

Hast Du noch ein Leckerchen für mich?

Zähneknirschen Meist dient es dem Stressabbau oder wird zur Übersprunghandlung, wenn das Tier eigentlich viel lieber etwas anderes tun würde, z. B. einen Besucher angreifen, aber Frauchen oder Herrchen es unmissverständlich verboten hat. Man hört es bei Aufregung, wenn die Schweine nicht genau wissen, wie sie sich verhalten sollen, manche untermalen das Betteln nach Futter mit diesem Geräusch, es kann aber auch der Ausdruck von Schmerzen, Unwohlsein oder Langeweile sein.

Bellen Machen Sie sich bitte keine Sorgen, wenn Ihre Schweine bellen! Dieses seltsam heisere Gebell hören Sie meistens, wenn Ihre Schweinchen wie Kinder durch den Garten rennen, sich im Kreis drehen oder regelrecht um die Wette laufen. Es ist in diesem Moment Ausdruck von Lebensfreude. Auch wenn sie sich erschrecken, ist dieses „Hundegebell" gelegentlich zu hören. Sie sind eben sehr vielseitig, unsere Rüsselchen und beherrschen sogar „Fremdsprachen"!

Schwanzwedeln Ein wedelndes Schwänzchen bedeutet nicht wie bei Hunden freundliche Begrüßung, sondern Zufriedenheit und Wohlbefinden. Dass es oft auch bei der Begrüßung von Herrchen oder Frauchen auftritt, heißt nicht, dass Vorgesagtes nicht stimmt, sondern bedeutet lediglich, dass ein Minischwein, das einen lieben Menschen freudig grunzend begrüßt, sich eben auch wohl fühlt.

Eingeklemmter Schwanz Ein steif hängendes oder gar zwischen die Hinterbeine geklemmtes Schwänzchen bedeutet, dass sich unsere Rüsselchen nicht wohl fühlen. Kälte, Regen und Krankheit sind Gründe für ein traurig hängendes Schwänzchen.

Aufgerichteter Schwanz Ein steil in die Luft gehaltener Schwanz signalisiert Aufregung, Angst und Flucht, aber auch Angriffsstimmung.

Ohrenspiel Die kleinen Stehohren sind ebenfalls ein Stimmungsbarometer. Ein gut gelauntes Schwein hat sie aufmerksam aufgerichtet. Angelegte Ohren deuten auf Angst oder Aggression hin. Ein seitlich geneigter Kopf mit hängendem Ohr ist oft ein Krankheitszeichen.

Schweine sprechen Dialekt

Über die genannten Grundtöne hinaus, entwickeln Schweine Dialekte. Im menschlichen Sinne übertragen, heißt das: Wildschweinrotten in Bayern sprechen eine andere Sprache als in Niedersachsen. Je nach Familienverband variiert auch die Sprache unserer Minis teils erheblich. Jede Mutter hat für ihre Ferkel einen eigenen „Gesang", den ihre Kinder ein Leben lang wieder erkennen. Das Gedächtnis unserer Minis ist ohnehin enorm. „Alltagsgespräche" werden beileibe nicht von jedem fremden Schwein eindeutig verstanden. Das ist einer der Gründe, dass fremde Tiere so schwer aneinander zu gewöhnen sind.

1 *Dieses Ferkel blickt zufrieden und vertrauensvoll in die Welt.*

2 *Der junge Borg „mault" die Rottenführerin an, aber seine Körperhaltung signalisiert Demut und Rückzug.*

Minischweine richtig halten

So fühlen sich Minischweine wohl

Ein Schwein will nicht allein sein

Sie haben sich in diese außergewöhnlichen Tiere verliebt und möchten sie in Ihre Familie aufnehmen. Damit es eine für alle Seiten beglückende Beziehung wird, die bis zu 15 Jahre halten soll, müssen Haus, Grundstück und die Familie schweinegerecht vorbereitet werden.

Gemeinsam fühlen sich die Ferkel stark und trauen sich an die fremde Hand.

Schweine brauchen eine Rotte

Um glücklich zu sein, brauchen Schweine Gesellschaft. Am besten natürlich einen Artgenossen, mit dem das Schweinchen spielerisch und manchmal auch sehr handfest lernen kann, wie sich ein Rottenmitglied zu verhalten hat. Auf die Zahmheit der Tiere hat es keinen Einfluss, ob Sie eines oder mehrere Schweinchen halten. Es kommt immer darauf an, wie intensiv sich der Halter mit diesen

Check: Passen Minischweine zu mir?

Der ideale Schweinemensch ist ...

- ☐ *geduldig und einfühlsam.*
- ☐ *freut sich auf täglich neue Herausforderungen.*
- ☐ *hat viel Platz, Zeit und Liebe.*
- ☐ *liebt seinen Ziergarten nicht zu sehr, denn die meisten Minis werden ihn komplett umwühlen.*

sozialen Tieren beschäftigt. Auch Einzeltiere können sehr scheu bleiben, wenn der Mensch mangels Zeit und Engagement keine Beziehung zu ihnen aufbaut.
Inmitten von Artgenossen fühlen Minischweine sich wohler und sicherer und zeigen weniger Verhaltensauffälligkeiten. Im Idealfall sollten Sie Wurfgeschwister aufnehmen. Sie umgehen damit die oft schwierige spätere Vergesellschaftung zweier Tiere, die sich nicht kennen.
Gemeinsam sind wir stark Die beiden Racker werden sich, abgesehen von unbedeutenden Rangeleien, zeitlebens gut verstehen. Sie, als Halter, haben die Möglichkeit, das vielfältige, interessante Verhalten Ihrer Lieblinge zu beobachten, ihre unterschiedlichen Charaktere kennen zu lernen, ihre Zutraulichkeit und Liebenswürdigkeit zu genießen, ohne sich völlig von Ihren Tieren ans Haus fesseln zu lassen. Ihre Minis werden alles zusammen machen; morgens nach dem Aufstehen suchen sie zielstrebig gemeinsam die Toilettenecke im Garten auf, sie fressen gemeinsam, sie teilen ihr Strohbett und wärmen sich so im Winter. Sie liegen im Sommer dicht an dicht in der Suhle, sie stupsen sich mit den Rüsseln an und kraulen sich gegenseitig. Wo eines ist, ist das andere nicht

Info

So sind Minischweine

Minischweine sind mit keinem anderen Haustier zu vergleichen! Zwar sind sie kapriziös und verschmust wie Katzen, aber keine Einzelgänger. Sie brauchen sehr viel Streicheleinheiten und Ansprache. Sie sind intelligenter als Hunde, aber niemals unterwürfig und viel schwerer zu erziehen. Rufen Sie Ihren Hund, wird er in den meisten Fällen sofort kommen, Minischweine kommen gelegentlich darauf zurück. Sie haben viel Charakter und behalten immer ihren Eigensinn und ihre Persönlichkeit.

weit. Und trotzdem werden die kleinen Rüsselchen vertrauensvoll auf Sie zugehen, Sie in ihre Rituale einbinden, Sie zum Schmusen auffordern und sich mit Ihnen unterhalten. Sie werden hinter Ihnen herlaufen und Ihre Nähe suchen. Es gibt für Schweinebesitzer kaum etwas Schöneres, als im Sommer gemeinsam mit ihren Lieblingen im Heu ein Nickerchen zu machen. Im Winter darf es getrost auch der Teppich im Wohnzimmer sein.

Die meisten Schweine „quasseln" sehr viel; zumindest ist ihr niedliches Kontaktgrunzen fast immer zu hören: „Bist du noch da?" – „Ja, hier bin ich!"

Unsere Minis reagieren sehr auf Stimmen und Stimmungen. Sie lieben es, wenn wir mit ihnen reden und merken mit ihren feinen Sinnen sofort, wenn Herrchen oder Frauchen schlecht gelaunt, unwirsch oder nicht bei der Sache ist. Kaum ein Tier kann so beleidigt sein wie ein Schwein. Eine kleine Rotte kann sich zwar wunderbar mit sich selbst beschäftigen, aber Schweine, die zur Familie gehören, schätzen die Anwesenheit ihrer Bezugspersonen sehr und leiden, wenn man sie zu wenig beachtet.

Einzelhaltung – ein heikles Thema Offiziell ist eine Einzelhaltung von Minischweinen verboten, weil sie den Verordnungen für Nutztiere unterliegen. Und darin steht eindeutig, dass Schweine mit Sichtkontakt zu Artgenossen gehalten werden müssen. Mir ist allerdings kein ein-

1 *Zwei Lieblingsbeschäftigungen unserer Minischweine: Wühlen ...*

2 *... und anschließendes Kühlen im gegrabenen Erdloch.*

ziger Fall bekannt, in dem ein Veterinäramt die Einzelhaltung eines Minischweins verboten hat.
Die Einzelhaltung funktioniert dauerhaft nur dann, wenn der Halter besonders viel Einfühlungsvermögen, Zeit und Sachverstand hat. Ein Schwein ohne Artgenossen läuft den ganzen Tag hinter seinem Besitzer her und reagiert völlig verstört, wenn sein menschliches Rottenmitglied nicht zu Hause ist. Dass Schweine dann stundenlang schreien, ist keine Seltenheit. Werden sie dazu noch fast ausschließlich in der Wohnung gehalten, zerlegen sie innerhalb kürzester Zeit aus Langeweile das Mobiliar, ribbeln Teppiche auf, ziehen Tapeten von den Wänden und verfehlen zielstrebig das angebotene Katzenklo. Nicht nur aus diesem Grund ist eine reine Wohnungshaltung kategorisch abzulehnen; Schweine können in der Wohnung ihre elementarsten Bedürfnisse nicht ausleben. Sie wollen und müssen wühlen und ihre Umwelt erkunden. Ein Schwein, das nicht wühlen darf, fühlt sich wie ein Vogel, dem man die Flügel gestutzt hat.
Für Minischweine, die alleine leben, ist das Clickertraining (Seite 100) besonders wichtig, um ihnen diese destruktive Langeweile zu nehmen. Mit Schweinen, die geclickert werden, gibt es normalerweise auch in der Einzelhaltung kaum Probleme. Man muss sich sehr intensiv um sie kümmern, sie niemals stundenlang alleine lassen und ihnen viel Anregung bieten.
Wenn Sie meinem Rat nicht folgen möchten und es trotz allem unbedingt ein Einzeltier sein soll, entscheiden Sie sich bitte für einen kastrierten Eber (Borg)! Sie scheinen weniger unter dem Alleinsein zu leiden und zeigen seltener extreme Verhaltensauffälligkeiten. Einzeln gehaltene Säue verwandeln sich manchmal in kleine „Hexen", wenn sich das bereits erwähnte unangenehme Verhalten in der Rausche zum Dauerproblem manifestiert. Aus dem Markieren in der Wohnung wird dann ein „Protestpieseln"

Wichtig!

Das Beste für die Rüsselchen

Setzen Sie sich über ironische Bemerkungen von Freunden und Bekannten hinweg! Hören Sie nicht auf diejenigen, die sagen, ein Schwein gehöre nicht ins Haus! Lassen Sie Ihre Minis an Ihrem Leben teilhaben, wann immer es geht! Schweine stinken nicht, sind stubenrein, sauberer als Hunde und stellen in der Wohnung nichts an, wenn Sie die Möglichkeit haben, ihre typischen Bedürfnisse in einem abwechslungsreichen Gehege auszuleben.
Nehmen Sie Ihre Minis mit ins Haus! Es gibt keinen einzigen Grund, es nicht zu tun! Sie nehmen sonst sich und ihren Tieren die einzigartige Möglichkeit, eine wirklich tiefe Bindung einzugehen. Schweine lieben ihre Bezugspersonen und sind traurig, wenn sie nicht genug Zuwendung und Aufmerksamkeit bekommen. Sie werden teilnahmslos und verkümmern, wenn ihre Zuneigung nicht erwidert wird. Die „Drinnen-Draußen-Haltung" ist das Beste, was Sie für Ihre Minis tun können.

und „Liebesbisse“ werden zur Aggression. Einzeltiere verkümmern oft seelisch und werden zu missmutigen Zeitgenossen. Zuletzt werden derart gelangweilte und verunsicherte Tiere gegenüber ihren Haltern bissig, weil sie ihren Frust irgendwie loswerden müssen. Diese unverstandenen Tiere werden dann abgegeben oder geschlachtet. Wir haben im Tierschutz täglich damit zu tun, diese ehemals „geliebten“ Minischweine zu retten und aufzunehmen.

Die aufgestellten Borsten und der zu Schaum aufgeschlagene Speichel zeigen es: Dieses Minischwein ist sehr wütend.

Minis vergesellschaften

Die ideale Kombination Wenn Sie schon einen kastrierten Eber (Borg) haben, sollten Sie als zweites Tier wieder einen Borg wählen. Ein verhätschelter Borg, der immer im Mittelpunkt Ihres Interesses stand, würde unter einer kleinen Sau erheblich leiden. Säue sind fast immer die dominanteren Partner und können einem Borg, den sie nicht mögen, ganz schön zusetzen. Ihr Kleiner würde sich zurückgesetzt fühlen. Ohne Eifersüchteleien gehen diese späteren Sozialisierungen leider fast nie über die Bühne.

Haben Sie schon eine kleine Sau, empfehle ich entweder einen Borg als Zweittier, der schon Damengesellschaft kennt, oder eine etwas jüngere Sau, die der alten nicht den Rang streitig macht.

Grundsätzlich sollten Sie immer nach dem Charakter der Tiere entscheiden! Vergesellschaften Sie niemals zwei besonders dominante Tiere miteinander, sondern suchen Sie einen Gegenpol! Zwei sehr dominante Schweinchen können den Familienfrieden dauerhaft erheblich stören. Im Extremfall werden sie sich niemals vertragen, wenn sie sich nicht von Geburt an kennen.

Fremde Schweine zusammenführen Wenn das neue Familienmitglied einzieht, dürfen Sie die Schweine nicht sofort zusammen lassen, sondern müssen sie getrennt voneinander, aber in Hör- und Riechnähe unterbringen. Durch einen stabilen Zaun können sie sich so die ersten Tage, manchmal werden sogar Wochen oder Monate nötig sein, beschnuppern und unterhalten. Die ersten Gespräche verlaufen nicht besonders freundlich; da wird gedroht, gefaucht, geschmatzt und geschäumt. Erst wenn die Drohgebärden nachlassen und sich die Minis gelegentlich sogar am Zaun mit einem Kontaktgrunzen begrüßen, können Sie es wagen, die beiden auf einem möglichst großen Gartengrundstück zusammen zu lassen. Ältere Landwirte raten, die Tiere vorher mit dem Kot des jeweils anderen Schweinchens einzureiben, um den Eigengeruch zu überdecken. Ein für den Halter weniger unappetitlicher Tipp ist, beide Tiere mit Bier zu übergießen. Sie sollten auf jeden Fall vor der ersten Begegnung großflächig Maiskörner und Rosinen auf dem Rasen ausstreuen. In den meisten Fällen wird das leckere Futter

Zwei Minnesota Minipigs, die sich tolerieren, aber nicht mögen.

1

2

dann erst einmal wichtiger sein als eine Keilerei. Ganz ausbleiben wird sie aber fast nie. Zwei wütend aufeinander losgehende Minis sind kein schöner Anblick. Sie vergrößern sich durch aufgestellte Nackenborsten optisch, schlagen schmatzend ihren Speichel zu weißem Schaum auf und versuchen, sich an den Schultern wegzudrücken. Wenn jetzt das schwächere Tier keinen deutlichen Rückzieher macht, kommt es zu heftigen Beißereien. Oft bluten die Ohren, der Hals und die Flanken. Das Gesicht wird nur selten verletzt. Wenn der Unterlegene den Kopf zur Seite biegt, rückwärts geht und Fersengeld gibt, ist der Kampf für dieses Mal beendet. Freunde sind die beiden Kontrahenten dann aber noch lange nicht. Je nach Temperament und Selbstbewusstsein können sich solche Szenen mehrmals wiederholen, bis die Rangordnung endgültig geklärt ist. Bitte mischen Sie sich nicht ein! Sie würden diesen Prozess nur verlängern.

Das Eis ist dann gebrochen, wenn die Tiere nachts Rücken an Rücken in einer Hütte schlafen und sich auch tagsüber aneinander kuscheln. Kleine Rangeleien sind dann nur noch unbedeutend. Eine Rotte, in der die Rangordnung geklärt ist, ist eine sehr homogene Gruppe, in der selten Unfrieden herrscht. Sollte eines der Tiere erkranken und dadurch schwach sein, kann der Konflikt noch einmal ausbrechen.

In seltenen Fällen werden aus zwei Schweinchen niemals Freunde. Es kommt zwar zu einer Koexistenz ohne Beißereien, es wird aber auch nicht gekuschelt. Das scheint dem zu widersprechen, dass Schweine immer einen Partner brauchen. Denken Sie bitte daran, dass in einer Wildschweinrotte alle Tiere miteinander verwandt sind und Fremdlinge vertrieben oder gar zu Tode gebissen werden. Wir muten unseren Minischweinen also mit der nachträglichen Sozialisierung mit fremden Artgenossen einiges zu.

Info

Erste Hilfe bei Wunden

Kampfspuren verheilen bei Schweinen meistens problemlos von selbst. Nur wenn sich Wunden entzünden oder ausnahmsweise die Augen verletzt wurden, muss ein Tierarzt sich die Wunden ansehen. Eine Erstversorgung der Hautverletzungen können Sie mit Blauspray oder Zinksalbenspray vornehmen. Achtung, nicht in die Augen sprühen!

1 *Mutter und Tochter suchen gemeinsam den Scheuerbaum auf.*

2 *Wenn eine ruht, ist die andere nicht weit.*

Minischweine sind freundliche Tiere und vertragen sich sogar mit Eseln.

Minis und andere Hausbewohner

Hunde, Katzen und Kleintiere Schweine sind friedfertige Hausgenossen, die grundsätzlich mit jedem anderen sozialen Lebewesen vergesellschaftet werden können. Hunde, Katzen und alles mögliche Kleintier mögen sie meistens auf Anhieb. Das stößt nicht bei jedem Tier auf Gegenliebe. Minischweine gehören auf keinen Fall in einen Haushalt, in dem ein sehr dominanter Hund lebt, der möglicherweise noch einen ausgeprägten Jagdtrieb hat oder gar entsprechend ausgebildet ist. Schweine sind Beutetiere und fliehen bei Gefahr. So mancher Hund fühlt sich da aufgefordert, seiner Leidenschaft nachzugehen. Wenn das Schweinchen dann auch noch vor Angst quiekt, ist es schnell um das kleine Rüsseltier geschehen. Schweine wehren sich teils aber auch heftig, wenn sie in die Enge getrieben werden. Als Allesfresser haben sie ein kräftiges Gebiss und können einem kleinen bis mittel-

großen Hund durchaus gefährlich werden. In der Regel gehen sie aber Auseinandersetzungen mit Hunden aus dem Weg.
Aber Minis kämpfen auch um ihre Rangordnung und lassen sich nicht gerne degradieren, wenn ein Neuling kommt. Behandeln Sie deshalb das ranghöhere Tier immer bevorzugt, d. h. Sie schenken dem Tier, das zuerst da war, genug Aufmerksamkeit. Immer dann, wenn ein Tier das Gefühl hat, es würde vernachlässigt, gibt es Differenzen. Oft machen Tierbesitzer den Fehler, dass sie aus Mitleid den Schwächeren aufbauen wollen und ihn bevorzugen. Damit werden Konflikte aber nur verschärft. Der Rotten- oder Rudelführer wird dadurch seine Position noch vehementer verteidigen. Füttern Sie das ranghöhere Tier unbedingt zuerst und streicheln Sie es zuerst und ausgiebig! Erst dann ist das rangniedrigere Tier an der Reihe.

Ferkel und andere Jungtiere Wachsen Ferkel mit anderen jungen Tieren auf, entstehen oft die ungewöhnlichsten und schönsten Tierfreundschaften. Meine beiden großen Mastschweine sind mit dem verwaisten Lamm einer Zwergziege aufgewachsen. Wie Welpen spielten sie miteinander, lernten die Laut- und Körpersprache der jeweils anderen Tierart zu verstehen, und schliefen abends eng aneinander gekuschelt ein. Obwohl die Schweine inzwischen über 300 Kilo wiegen, ist die Liebe ungebrochen. Zwergziege Nala ist mit ihren knapp 20 Kilo in dieser ungewöhnlichen Rotte die absolute Herrscherin. Dennoch sind Ziegen normalerweise für Minis eine Zumutung und eignen sich nicht als Gesellschafter. Unsere Ziege Nala ist durch ihre Fehlprägung eine Ausnahme. Ziegen sind sehr dominante, teils angriffslustige Tiere. Mit ihren Hörnern können sie Minischweine ernsthaft verletzen, zumindest aber den Frieden in der Rotte erheblich stören.

1

2

Minis können sich auf jede andere soziale Tierart einstellen und sich mit ihr anfreunden.

Ältere Tiere und Familienzuwachs Wenn Sie schon einen Hund haben, oder Sie haben bereits Minischweine und ein Hund kommt dazu, dann müssen Sie sehr behutsam vorgehen. Testen Sie bitte nicht in der engen Küche aus, ob sich das neue Familienmitglied mit dem anderen verträgt! Geben Sie sowohl dem Neuling als auch dem älteren Tier Schutz durch Ihre Anwesenheit und machen Sie deutlich, dass Sie bestimmen, was zu geschehen hat! Lassen Sie weder das neue Schwein noch den neuen Hund gleich ins Körbchen des anderen springen oder gar aus seinem Napf fressen (Hundefutter ist für Schweine ohnehin gesetzlich verboten und absolut tabu!)! Reden Sie beruhigend auf die Tiere ein, streicheln Sie – wenn möglich – beide gleichzeitig! Machen Sie aber dennoch dem Tier, das zuerst bei Ihnen lebte, deutlich, dass es Ihre

Liebe und seine Vorrangstellung durch den/die Neuen nicht verliert! Lassen Sie die unterschiedlichen Tierarten anfangs nicht alleine! Sie müssen erst lernen, die Körper- und Lautsprache des anderen zu verstehen, damit es nicht zu Missverständnissen und Beißereien kommt.

Minischweine und Kinder

Minischweine sind so niedlich, dass sich Kinder spontan von ihnen angezogen fühlen. Dabei vergessen sie leicht, dass diese kleinen Rüsselchen einen eigenen, ausgeprägten Charakter und Willen haben. Schweine erkennen wie jedes andere Säugetier sofort, wenn sie das „Junge" einer anderen Säugetierart vor sich haben. Der Effekt, nun mit diesem Jungtier der anderen Art, wie man es bei Hunden beobachten kann, besonders behutsam umzugehen, tritt bei Schweinen nur äußerst selten ein. Im Gegenteil – sie nutzen unter Umständen die Schwäche des Gegenübers schamlos aus. Lassen Sie deshalb Kinder und Minischweine nie unbeaufsichtigt!
Jüngere Kinder sollten das Gehege der Minischweine nicht alleine betreten. Gegen eine rauschende Sau oder gegen aus anderen Gründen aufdringlich werdende Minischweine können Kinder sich nicht wehren.
Kinder müssen auch lernen, die Ruhephasen der Schweine zu akzeptieren und sie nicht zu ärgern. Das ist eine Selbstverständlichkeit, die genauso für den Umgang mit jeder anderen Tierart gilt. Dass Schweine so unglaublich intelligent sind und man ihnen so leicht Kunststücke beibringen kann, macht sie für Kinder besonders interessant. Dabei können Ihre kleinen Familienmitglieder schon kräftig helfen. Mehr dazu lesen Sie ab Seite 102. Auch bei der täglichen Pflege und beim Schmusen sind Kinder gerne dabei.
Unter Aufsicht können Kinder und Minischweine aber sehr viel Spaß miteinander haben.

Vorsicht!

Nie aus der Hand füttern

Jüngere Kinder sollten Minischweine niemals aus der Hand füttern! Die kleinen Fressmaschinen schnappen in ihrer Gier leicht zu. Und sie könnten lernen, Futter vehement auch dann einzufordern, wenn das Kind gerade nichts in der Hand hat. Ein Fütterungsverbot sollte aus diesem Grund auch für Besucher gelten. So manches liebe Schwein ist durch ständige, unkontrollierte Gabe von Leckerchen schon zum Beißer geworden.

1 Ein gut erzogenes Minischwein macht fast jeden Spaß mit. Trotzdem sollte immer ein Erwachsener dabei sein.

2 Kinder und Schwein im Glück.

3 Zwei, die sich sehr lieben.

Wie Minischweine wohnen wollen

Wühlen, suhlen, spielen, lernen

Minischweine wollen alles tun, was ihren großen Artgenossen in der Landwirtschaft leider meist lebenslang verweigert wird: Wühlen, suhlen, mit dem Rüssel alles untersuchen, spielen und lernen. Jeder, der so ein liebenswertes Familienmitglied hat, muss dafür sorgen, dass diese elementaren Bedürfnisse befriedigt werden.

Betonboden im Stall ist gut für den Klauenabrieb. Sauberes Stroh und eine isolierte Hütte gehören aber unbedingt dazu.

Der Stall

Schweine brauchen unbedingt getrennte „Schlaf-, Ess- und Badezimmer". Im Idealfall leben Sie auf einem Bauernhof und haben schon einen kleinen Stall. Er sollte für zwei Minischweine mindestens drei mal drei Meter Grundfläche und einen Betonboden haben. Erstens laufen sich die Tiere auf Beton die Klauen ab und zweitens lässt sich dieser Untergrund gut reinigen und auch einmal ausspritzen. Der Stall selbst muss nicht mit Stroh eingestreut werden.

Wenn Sie keinen Stall haben, so können Sie ein Gerätehaus aus Holz im Garten aufstellen (auf Baugenehmigung achten!). Dieser „Stall" sollte ebenfalls nicht kleiner als drei mal drei Meter sein, damit Ihre Minischweine sich auch bei schlechtem Wetter nicht ständig in ihrer Schlafhütte aufhalten müssen und Bewegungsfreiheit haben. Lassen Sie Ihre Tiere durch eine Luke Tag und Nacht ins Freie! Denn sie machen nicht gerne ihre großen und kleinen Geschäfte ins „Wohnhaus".

Im Sommer können Sie die Eingangstüren offen lassen. Im Herbst und Winter zieht es zu sehr, wenn die großen Türen geöffnet bleiben. Deshalb sollten Sie aus der Stall- oder Gerätehaustür eine Luke heraussägen, die 60 cm hoch und 50 cm breit ist. Diese Luke hängen Sie mit beweglichen Kunststofflamellen zu.

Bauanleitung für ein Schweinehaus

Sie brauchen:

Mit den folgenden Materialen bauen Sie eine Hütte mit den Maßen: 120 x 100 x 100 cm (L/B/H).
4 Kanthölzer mit 120 cm Länge, 9 Kanthölzer mit 100 cm Länge und 1 Kantholz mit 50 cm Länge, stabile Winkeleisen und Schrauben, Fichtenblockhausprofile mit Nut und Feder, 20 mm starke Styroporplatten für die Isolierung, 5 mm dicke abwaschbare Hartfaserplatte oder wasserfestes Sperrholz, Klappscharniere für das Flachdach, weitere Kanthölzer und Dachpappe für das Giebeldach einer Freilandhütte.

Und so bauen Sie die Teile zusammen:

Verbinden Sie die Kanthölzer mit den Winkeleisen nach der Skizze zu einem Gerüst! Außen verschalen Sie dieses Gerüst mit Nut- und Federprofilen. Jetzt kommt die Isolierung an die Reihe; 20 mm starke Styroporplatten werden von innen gegen die Verschalung geklemmt. Zum Abschluss wird der Innenraum mit der Hartfaserplatte oder dem Sperrholz verkleidet.
Soll die Hütte nur im Stall stehen, genügt es, zwei Hartfaserplatten, zwischen denen wiederum Styropor als Isolierung dient, zusammenzuschrauben und mit stabilen Klappscharnieren als Flachdach auf der Hütte anzubringen. So können Sie das Dach jederzeit öffnen. Das ist sehr praktisch, wenn der Tierarzt die Schweine untersuchen oder impfen muss oder wenn Sie Stroh nachfüllen möchten. Der Boden wird genauso wie das Flachdach hergestellt und liegt lose in der Hütte.
Für den Außenbereich muss die Hütte ein Giebeldach mit Dachüberstand haben, damit Regen und Schneewasser abfließen können. Mit Dachpappe, die über den Dachstuhl aus Kanthölzern verlegt wird, machen Sie es wasserdicht. Im Freien muss die Hütte auf einem trockenen, erhöhten Platz (Palette, Betonplatte) stehen, damit kein Wasser hineinlaufen kann.

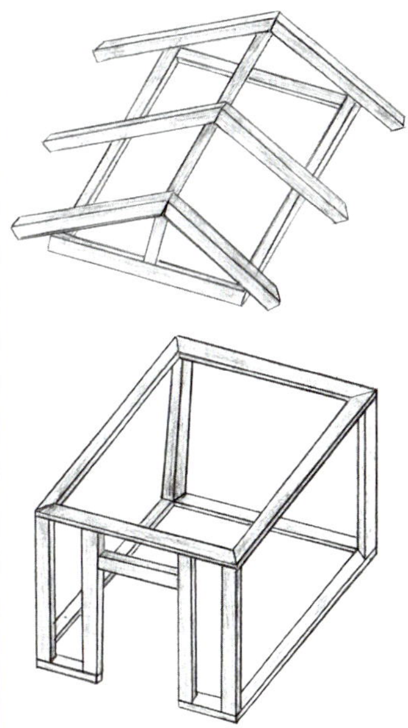

Den Holzfußboden des Gerätehauses oder des Stalles können Sie gegen Gehwegplatten aus Beton auswechseln oder das Gerätehaus gleich ohne Holzboden auf die Terrasse im Garten stellen.

Eine gemütliche Hütte

In den Stall gehört auf jeden Fall noch eine gemütliche Hütte. Ob Luxusvilla aus dem Handel oder Marke Eigenbau ist den Rüsselchen dabei völlig egal. Sie muss groß genug sein, dass sich Ihre Schweinchen bequem auf die Seite legen und ausstrecken können, aber klein genug, dass sie sie mit ihrer eigenen Körperwärme aufheizen können. Zum Kuscheln reicht für zwei Minis eine isolierte Hundehütte der Größe L (für Schäferhunde). Hütten für jeden Geldbeutel gibt es im Handel. Wie Sie mit ein wenig handwerklichem Geschick eine Hütte selbst bauen können lesen Sie auf S. 43.
Das Einschlupfloch der Hütte darf auch im Winter nicht zugehängt werden, damit sich kein Schwitzwasser bildet und Wände und Stroh zu schimmeln anfangen.
Minischweine graben sich bis zu den Ohren im Stroh ein, wenn es kalt ist. Ihr Schlafhaus darf also getrost bis unters Dach mit Stroh eingestreut werden.

1 *Ein abwechslungsreiches Gehege bietet sogar Klettermöglichkeiten.*

2 *Mit einem Kaninchennetz lässt sich der Garten in Schweine- und Menschenbereiche unterteilen.*

Die Näpfe – am besten groß und schwer

Ihren täglichen Futterbrei fressen Minis gerne aus großen Hundenäpfen, die sie penibel auslecken. Sie sollten aus Metall oder Steingut sein, damit sie nicht zerbissen werden. Wasserschüsseln sollten sehr schwer (Steingut) sein oder in einem ausgedienten Autoreifen stehen, damit sie nicht ständig umgeworfen werden und Stall und Einstreu nass werden.

Viel Platz, viel Spaß – das richtige Gehege

Ein Zaun muss sein Im Idealfall ist Ihr gesamter Garten rund 80 cm hoch mit Holzlatten oder Drahtgeflecht eingezäunt und Ihre Minis dürfen sich frei darin bewegen. Von innen sollten Sie den Zaun auf jeden Fall zusätzlich mit einem Stromdraht in Rüsselhöhe sichern. Mit Schraubisolatoren, Draht und einem Stromgerät aus dem

Landhandel ist das schnell gemacht. Viele Minis sind wahre Ausbrecherkönige und wühlen sich ohne Stromabwehr fast unter jedem Zaun hindurch. Die meisten Veterinärämter verlangen bei Schweinen diese doppelte Einzäunung, viele sogar den bei großen Schweinen vorgeschriebenen Zaun von 1,50 bis 1,80 Meter Höhe. Erkundigen Sie sich vorher beim zuständigen Veterinäramt. Viele Minischweinhalter unterteilen den Garten allerdings aus verständlichen Gründen in einen Schweine- und einen Menschenbereich. Wühlspuren überall sind nicht jedermanns Geschmack. Das Platzangebot kann gar nicht groß genug sein. Als unterste Größe müssen Sie mindestens 100 Quadratmeter = 40 Meter Zaun pro Tier einplanen. Für zwei Tiere brauchen Sie entsprechend mehr. Das kann ein Drahtgeflecht oder Holz sein. Zaunpfähle sollten Sie alle vier bis fünf Meter setzen.

Tipp

So teilen Sie den Garten

Bei uns haben sich zum Teilen des Gartens Kaninchennetze bewährt, die Sie bei verschiedenen Firmen kaufen können, die Weidezauntechnik anbieten. Diese Netze sind fest an Kunststoffpfähle mit Erdspießen geschweißt. Sie brauchen also keine zusätzlichen Zaunstangen. Sie sind 60 cm hoch und 50 Meter lang. Wenn Sie solch ein Netz im Quadrat aufstellen, haben Sie den Mindestplatz von 100 qm für ein Minischwein sogar leicht überschritten. Mit weiteren Netzen lässt sich dieser Bereich beliebig erweitern. Der Strom kommt aus dem Batteriestromgerät, das sich einfach am Netz festklemmen lässt. So können Sie verhindern, dass Ihre Minis Nachbars Garten, Ihren eigenen Ziergarten oder gar die Straße besuchen.
Zudem haben diese Netze den Vorteil, dass man sie beliebig versetzen kann, wenn das Gehege gewechselt werden soll.

Am liebsten beanspruchen Minischweine den ganzen Garten für sich.

Praktisch – ein Wechselgehege Wenn Sie nicht wollen, dass der Auslauf innerhalb kürzester Zeit einer Mondlandschaft gleicht und die Tiere anstatt in eine Kotecke überall hinmachen, sollten Sie großzügig den größten Teil Ihres Gartens abtreten. Außerdem ist es sinnvoll, alle sechs Wochen ein Wechselgehege anzulegen. So kann sich die Grasnarbe immer wieder einmal erholen. Nur wenn genug Platz zur Verfügung steht, bleiben Ihre Minis auch im Freien „stubenrein“ (wie sie im Haus stubenrein werden, finden Sie auf Seite 98) und legen eine Toilettenecke an. Gegen den unangenehmen Geruch in der Toilettenecke gibt es im Landhandel unter dem Namen „Desinfloor“ ein grünes, sehr feines Pulver, das eigentlich

Bäume gehören in jeden Auslauf.

Diese Weide lässt jedes Schweineherz höher schlagen.

Check: Der große Hausputz

Täglich:

- ☐ *Futter- und Wassertröge reinigen.*
- ☐ *Köttel im Auslauf mit einer Schaufel aufsammeln und in einen geschlossenen Komposthaufen oder auf einen Misthaufen werfen. Mit Rotteförderer oder Kompostwürmern geht der Verrottungsprozess schneller.*
- ☐ *Etwas Desinfloor über die Kotecke streuen.*
- ☐ *Zäune auf undichte Stellen kontrollieren.*
- ☐ *Stromgerät prüfen.*
- ☐ *Tiefe Wühllöcher wieder auffüllen und mit einer Harke begradigen.*
- ☐ *Im Sommer – Suhle auffüllen.*
- ☐ *Laufspuren (Erde, Stroh, das an den Klauen hing) in der Stallgasse oder im Gerätehaus ausfegen.*

Wöchentlich:

- ☐ *Stroh in der Hütte auffüllen, weil es teils aufgefressen oder in winzige Teile zerlegt wird.*

Alle 4 bis 6 Wochen:

- ☐ *Sämtliches Stroh aus der Hütte nehmen.*
- ☐ *Hütte und Stall oder Gerätehaus gründlich entstauben, dann frisches Stroh in die Hütte einstreuen.*
- ☐ *Wechselgehege anlegen, damit sich die Grasnarbe erholen kann.*

zur Desinfektion im Stall gedacht ist. Es wirkt draußen ähnlich gut, ist unschädlich für Mensch und Tier und neutralisiert den ätzenden Ammoniakgeruch. Gerade im Siedlungsbereich mit einer engen Nachbarschaft können Sie so von Anfang an Ärger wegen einer Geruchsbelästigung vorbeugen.

Alle Minischweine scheuern sich zur Körperpflege gerne an Bäumen.

Ein Spielplatz für die Minis Gestalten Sie das Gehege möglichst abwechslungsreich! Bälle, Ketten, Säcke und dicke Taue zum Schütteln werden gerne als Spielzeug angenommen. Wie Sie mit der Fütterung für weitere Beschäftigung sorgen, lesen Sie auf Seite 60 bis 61.

Der Scheuerbaum Sehr wichtig sind Bäume, an denen sich die Schweinchen ihren „Pelz" scheuern können. Alle Minis machen das. Es gehört zur Körperpflege dazu. Stehen auf Ihrem Grundstück keine Bäume, so fragen Sie beim zuständigen Förster nach, ob Sie einen Stamm bekommen können, der für die Holzindustrie wertlos ist. Er muss weder schön noch besonders lang sein, aber dick und schwer genug, dass er nicht sofort wegrollt, wenn sich ein kleines Schweinchen an ihm reibt.

Schattenplätze Ohne Bäume und Büsche gibt es im Sommer keinen Schatten und keine Rückzugsmöglichkeit. Mit ein paar Balken und einem Sonnensegel können Sie einen Schattenplatz selbst bauen. Mit Sonnenschirmen gehen Minischweine nach kürzester Zeit „spazieren". Sie sind für solche Zwecke zu leicht.

Der richtige Gehegeuntergrund Ein Teil des Auslaufs sollte gepflastert sein, damit die Schweinchen sich ihre Klauen ablaufen können. Wie man die Klauen raspelt und schneidet, wenn es doch einmal nötig werden sollte, finden Sie im Kapitel Pflege (Seite 63).

Besonders wichtig – die Suhle Ab ungefähr 18° C brauchen Minischweine unbedingt eine Suhle. Sie können nicht schwitzen, weil sie keine Schweißdrüsen haben. Hitzestau und Hitzschlag sind bei Schweinen keine Seltenheit. Sie sind ohne Abkühlung nicht in der Lage, ihre Körpertemperatur zu regulieren. Manche Schweine bevorzugen klares Wasser und nehmen gerne ein kleines Kinderplanschbecken an, aber den meisten ist eine richtige Schlammkuhle wesentlich lieber. Graben Sie ein Loch im Garten, in das bequem zwei Minis hineinpassen, und

lassen Sie täglich so viel Wasser aus dem Schlauch zulaufen, dass die Suhle immer gefüllt ist. Mit dicker Teichfolie, auf die Sie einen Teil der ausgehobenen Erde werfen, können Sie verhindern, dass das Wasser versickert. Befestigen Sie die Folie am Rand mit schweren Steinen, sonst wird sie schnell als Spielzeug oder Nistmaterial für die Schlafhütte missbraucht! Und sparen Sie nicht am falschen Ende! Dünnere Folie hält den kleinen Klauen nicht lange stand.

Wenn sie aus der Suhle kommen, sehen unsere ansonsten so reinlichen Minis tatsächlich wie die sprichwörtlichen „Dreckschweine" aus. Mit Dreck hat das allerdings nichts zu tun. Die Kruste wird nämlich anschließend fein säuberlich mitsamt eventuell vorhandenen Parasiten am nächsten Baum wieder abgescheuert.

Vorsicht, Sonnenbrand! Diese Schlammschicht ist nicht nur ein Schutz gegen Parasiten, sondern auch gegen Sonnenbrand. Vor allem helle Minischweine sind gefährdet. Wenn Ihre Rüsselchen die Suhle nicht angemessen nutzen, können Sie die hellen Stellen mit Kindersonnenmilch mit hohem Lichtschutzfaktor einreiben.

Zweckentfremdet, aber ein toller Spaß – im Sommer kommt das Kinderplanschbecken bei Minischweinen ganz groß raus.

Achtung, Giftpflanzen! Bei der Auswahl von Gehölzen und Blumen in Ihrem Garten müssen Sie unbedingt darauf achten, dass die Pflanzen nicht giftig sind. Zwar haben Minischweine noch gesunde Instinkte und die meisten Giftpflanzen unangenehme Bitterstoffe, die Tieren nicht schmecken. Bei Mangel an sonstigem Grün kann es aber doch vorkommen, dass die Minis einmal herzhaft zubeißen. Je nach Pflanze kann das zu schlimmsten Vergiftungen mit Todesfolge führen. In Gärten häufig sind Eibe (Taxus), Thuja, Rhododendron, Schwarzer Holunder, Adlerfarn, Butterblume, Schwarzer Nachtschatten (Schweinstod), Maiglöckchen, Feld-Rittersporn, Wunder-

Keine Pflanze ist sicher vor den kleinen Rüsseln.

Check: Was Minis alles brauchen

- ☐ *Eine liebevolle Familie oder Bezugsperson.*
- ☐ *Einen Artgenossen.*
- ☐ *Viel eingezäunten Platz ohne Giftpflanzen, aber mit Bäumen oder Büschen, die Schatten und Rückzugsmöglichkeiten bieten.*
- ☐ *Einen wetterfesten Stall und/oder eine gut isolierte Hütte.*
- ☐ *Stroh als Einstreu.*
- ☐ *Im Sommer eine Suhle oder ein Planschbecken.*
- ☐ *Stets sauberes Trinkwasser.*
- ☐ *Gutes Futter.*
- ☐ *Beschäftigung und Zuwendung.*
- ☐ *Eine Hierarchie, in der Sie als Herrchen oder Frauchen ganz oben stehen.*

baum, Bittersüßer Nachtschatten, Buchsbaum, Engelstrompete, Osterglocken, Tollkirsche, Goldregen und Fingerhut. Im Anhang finden Sie Literaturangaben bzw. Internetadressen, unter denen Sie die genauen Symptome nachlesen und auch Fotos von den Pflanzen sehen können.

Beim geringsten Verdacht auf eine Vergiftung müssen Sie sofort Ihren Tierarzt rufen! Plötzlich einsetzende Übelkeit, Erbrechen, Durchfall, Schwindel, Atemnot, Krämpfe, Zittern, Verätzungen und Kreislaufbeschwerden bis zum Kollaps sind typische Anzeichen für eine Vergiftung. Heben Sie von der angefressenen Pflanze etwas auf, damit ihr Tierarzt sehen kann, um was es sich handelt! Es gibt zwar fast keine Gegengifte, aber die Symptome wie unstillbares Erbrechen und Kreislaufbeschwerden kann der Tierarzt lindern.

Weidegang reicht auch im Sommer nicht aus. Füttern Sie zumindest Mineralfutter zu!

Minischweine richtig füttern

Gutes, artgemäßes Futter und Wasser gehören zu den Grundbedürfnissen der Minischweine.
Wasser muss stets Trinkwasserqualität haben. Viele Minis nehmen Sommer wie Winter gerne lauwarmes Wasser an. Im Winter muss das Wasser immer angewärmt sein. Sie müssen es von Eis freihalten, weil Schweine eine Eisschicht nicht selbst aufschlagen können. Gerne nehmen Minischweine mit warmem Wasser verdünnten Apfelsaft an. Tiere, die zu wenig trinken, lassen sich so überlisten.
Schweine sind Omnivoren (Allesfresser) und verschmähen in der Natur weder Aas noch Jungtiere anderer Arten. Jedoch macht tierische Nahrung, wie Mäuse, Käfer, Würmer und Schnecken nur einen kleinen Teil des Futters der Wildschweine aus. Vor dem Winter legen sie sich ein großes Fettpolster an, das sie im Laufe des Winters wieder verlieren. Ein bisschen mehr Winterspeck schadet auch unseren Minischweinen nichts, wenn er nicht für immer bleibt.
Schweine sind absolute Nasentiere, die sich vom Geruch verleiten lassen. Außerdem ist ihre sehr bewegliche Zunge ein hervorragendes Tastorgan, das die Nahrung zu den hinteren Molaren (Mahlzähnen) transportiert.
Die Wühl- und Kaufähigkeit ist bei Hausschweinen durch den verkürzten Nasenrücken im Vergleich zum Wildschwein eingeschränkt. Trotzdem wühlen und kauen sie noch gerne und ausgiebig. Nur wenige Minischweine wühlen fast gar nicht, sondern suchen sich ihre Nahrung weitestgehend oberhalb der Erde. Kurzes, frisches Gras und Klee wird von ihnen bevorzugt; langes, faserhaltiges, dürres Gras können sie schlecht aufnehmen und verwerten. Es dient jedoch der Beschäftigung und hält den Speichelfluss in Gang. Dasselbe gilt für die Gabe von Heu, das in der Hobbyhaltung immer angeboten werden sollte.

Info

Vorsicht, gefährliche Futtermittel!

- *Kohl führt bei Minischweinen zu Koliken mit so schlimmen Schmerzen, dass Ihre Lieblinge durch den Stress, der durch den Schmerz entsteht, einen tödlichen Kreislaufkollaps bekommen können.*
- *Zwiebeln zerstören sowohl in rohem als auch in gegartem Zustand die roten Blutkörperchen und führen zum Tode.*
- *Schon eine Tafel Vollmilchschokolade kann ein Minischwein töten. Das darin enthaltene Theobromin führt zu Herzversagen.*
- *Grüne oder gekeimte Kartoffeln enthalten als Nachtschattengewächs das giftige Solanin, das schon in geringen Dosen tödlich wirkt. Es geht beim Garen ins Kochwasser über. Schütten Sie das Kochwasser weg und rühren Sie damit keinesfalls das Schweinefutter an! Verfüttern Sie ebenfalls kein Kartoffelkraut!*
- *Dasselbe wie für die Kartoffel gilt auch für grüne Tomaten und deren Kraut.*
- *Salz vertragen Minischweine nur in ganz geringen Mengen. Geben Sie ihnen keine Salzstangen oder Chips! Bieten Sie keinen Salzleckstein aus der Pferdehaltung an!*

Vorsicht, Seuchengefahr!

Folgende Nahrungsmitteln dürfen Minischweine auf keinen Fall bekommen, weil sie gesetzlich verboten sind und zu schlimmen Seuchen führen können:

- Fleisch jeder Art, auch kein Trockenfutter (Katzen- und Hundefutter sind tabu!),
- Fisch, keine Garnelen oder Krebsabfälle (in vielen Hühnerfuttern enthalten), Fleisch-, Fisch-, Blut- oder Federmehl, Tierfette, Lebertran (Dorsch), Hämoglobin!
- Essensreste, die schon auf dem menschlichen Teller gelegen haben, dürfen selbst dann nicht verfüttert werden, wenn es sich eigentlich um erlaubte Nahrungsmittel wie Nudeln, Kartoffeln oder Reis handelt. Diese dürfen Sie nur verfüttern, wenn sie in einem Topf gekocht wurden, der nur für Ihre Minischweine benutzt wird.

So schöne Borsten sind das Ergebnis optimaler Fütterung.

Ich empfehle einen Dampfkochtopf, weil er die Speisen unter hohem Druck stärker erhitzt und Keime besser abgetötet werden.
Eine Missachtung dieser Vorschriften führt zu hohen Geldstrafen. Und das zu Recht. Eine Seuche kann theoretisch schon durch die achtlose Fütterung von mit Wurst belegten Brötchen, die Spaziergänger oder liebe Nachbarn über den Zaun werfen, ausbrechen. Seuchen wie die Europäische Schweinepest oder die Maul- und Klauenseuche kosten durch Zwangsmaßnahmen der Veterinärbehörden Tausende von Schweinen das Leben und bedrohen Existenzen von Landwirten und ihren Familien. Auch Minischweine würden im Fall eines Seuchenausbruchs gekeult werden.

1 Mit viel Obst und Gemüse wird auch dieses Dickerchen wieder schlank.

2 Einmal täglich gibt es einen leckeren Getreidebrei mit Quark.

Artgerechte Fütterung, nicht ganz einfach

Es ist eine Wissenschaft für sich, Minischweine artgerecht zu ernähren, weil es weder zum Gesetzgeber noch zur

Gesundes Futter

Hochverdauliche Energielieferanten sind:
Gerste, Roggen, Mais, Weizen, Sojaschrot, Hafer, Eicheln, Bucheckern, Brot und gedämpfte Kartoffeln.

Pflanzliches Eiweiß liefern:
Futtererbsen, Futterbohnen und Sojaschrot.

Tierisches Eiweiß bekommen Minischweine durch:
Quark, Buttermilch, Käse, Joghurt.

Wichtige Vitamine enthalten:
Äpfel, Bananen, Birnen, Trauben, Zucchini, Kürbis, Melonen, Möhren, grüne Blattsalate, welke oder getrocknete Brennnesseln, Brunnenkresse, alles je nach Jahreszeit.

Und das macht richtig satt:
Gras, Weizenkleie, Heu, Luzernegrünmehlpellets, rohe Kartoffeln, Futterrüben, getrocknete Rübenschnitzel.

2

Futtermittelindustrie vorgedrungen ist, dass es in Deutschland eine Hobbyhaltung gibt, die nicht auf die Mast oder Zucht von Schweinen ausgelegt ist. Lediglich ein Alleinfuttermittel ist mir bekannt, das für Minischweine hergestellt wird; die Firma „Ssniff“ (www.ssniff.de) hat es eigens für Labortiere entwickelt. Es enthält alles in ausgewogenem Verhältnis, was ein Minischwein braucht, um gesund zu bleiben. Für zu dicke Minischweine gibt es eine Diätversion.

Schweinen fehlen bei fleischloser Ernährung Bausteine, die ergänzt werden müssen. Vor allem tierisches Eiweiß und essentielle Aminosäuren gehören dazu. Essentiell heißen sie, weil sie vom Schwein nicht selbst gebildet werden. Dazu gehören Lysin, Methionin, Glycin und Glutaminsäure, um nur einige zu nennen. Spurenelemente wie Mangan, Kupfer, Zink, Selen und Eisen und viele mehr sind ebenfalls wichtig für die Gesundheit der Minischweine. So kann ein Zinkmangel zu borkiger Haut führen, ein Selen- und Vitamin B 12-Mangel zur Weißmuskelkrankheit und dem plötzlichen Herztod.

Wer nicht auf Ssniff zurückgreifen möchte, muss zwangsläufig das Futter für seine Minischweine selbst mischen. Außer einigen wenigen Nahrungsmitteln bekommt und schmeckt unseren Minis alles, was auch wir gerne essen.

Tipp

Abwechslung im Speiseplan

Wechseln Sie von Zeit zu Zeit die Futtersorten, um Abwechslung in den Speiseplan zu bringen und die unterschiedlichen Zusammensetzungen an Aminosäuren, Vitaminen und Spurenelementen auszugleichen.

Eine Schale mit Obst und Gemüse ist lecker und so gesund.

Das schmeckt Minischweinen

Die richtige Futtermenge Der Erhaltungsbedarf eines Minischweins liegt bei 1% bis maximal 2 % seines Körpergewichts täglich. Ein 40 Kilogramm schweres Schweinchen bekäme also maximal 800 Gramm Futter am Tag, verteilt auf mehrere Mahlzeiten. Die meisten Minischweine kommen mit 1 % Futter aus. Diese Menge gilt für die Getreidefütterung. Sie müssen selbst herausfinden, ob Ihre Rüsselchen zu den besseren oder schlechteren Futterverwertern gehören.

Je weniger Getreide Sie füttern, umso größer darf die Ration an Hackfrüchten, Obst, Gemüse und Heu sein. Wenn nur 1/3 Getreideanteil in der täglichen Ration ist, dürfen Sie bis zu 2,5 Kilogramm täglich Saftfutter und Heu zufüttern. D.h. Ihr Schweinchen wird besser satt, weil alle anderen Futtermittel den Bauch voller machen als Getreide. Je geringer jedoch der Anteil an Getreide ist, umso eher müssen Sie Mineralfutter zufügen, weil in Grünfutter nicht alle lebenswichtigen Bausteine enthalten sind. Wenn Ihre Minis noch einen Taillenansatz haben und kaum Speckfalten auf der Stirn, die die Augen stören könnten, ist die Futtermenge richtig. Mager sollen Minischweine auf keinen Fall sein.

Kartoffeln, am besten roh! Kartoffeln sind gekocht ein Mastfutter. Roh machen sie satt, ohne fett zu machen, denn unsere Minis können die Stärke aus rohen Kartoffeln nur zu 20 % verwerten. Schneiden Sie Kartoffeln und anderes Zusatzfutter nicht klein! Das können Ihre Minis ganz alleine und haben dadurch ein bisschen Beschäftigung!

Möhren, gekocht mit Öl Möhren mögen viele Minis nur gekocht. Geben Sie Olivenöl oder einen Teelöffel anderes hochwertiges Speiseöl über die Möhren, damit das nicht in Wasser lösliche Vitamin A verwertet werden kann. Ebenfalls nur in Öl löslich sind die Vitamine E, D, und K.

Die aufgeführten Nahrungsmittel enthalten alle wichtigen Bausteine, die Ihre Schweinchen für ein langes Leben brauchen. Es kommt nur noch auf die richtige Mischung, die Hygiene und die Beschaffenheit der Nahrung an. Wenn Sie kein „Ssniff" anbieten möchten, können Sie folgendes Grundfutter im Landhandel entweder vormischen lassen oder zu Hause selbst mischen:

Futtermischung 1
- Weizen 37,5 %
- Gerste 37 %
- Sojaschrot 16 %
- Mineralfutter 7,5 %
- Sojaöl 2%

Futtermischung 2:
- Sauenfutter für niedertragende Sauen (NT-Futter) 60 %
- Weizenkleie 20 %

Tipp

Praktisch und lecker – Karottenpellets

Anstatt frischer Karotten können Sie getrocknete Karottenpellets nehmen. Es gibt sie z. B. bei der Firma Olewo. So umgehen Sie Lagerprobleme, und die Karotten verderben nicht so schnell. Mit etwas warmem Wasser angerührt und einem Schuss Olivenöl versetzt, sind sie wertvolle Vitaminlieferanten. Sie können sie täglich unters Futter mischen.

1 *Ferkel in diesem Alter trinken noch bei der Mutter.*

2 *Die beste Grundlage: Mindestens acht Wochen lang Muttermilch.*

- getrocknete Rübenschnitzel 20 %
- Rübenschnitzel unbedingt vor dem Füttern 12 Stunden (über Nacht) einweichen.

Futtermischung 3:
- 1/3 der Menge NT-Futter (niedertragende Sauen), die für große Schweine empfohlen wird. Ballaststoffe wie Obst, Gras und Heu füllen das Bäuchlein.

Futtermischung 4:
- 1/3 Ssniff
- 1/3 Quetschhafer, Maisflocken und Gersteflocken im täglichen Wechsel
- 1/3 Grünmehlpellets und Weizenkleie
- 4 % vitaminiertes Mineralfutter für 2/3 des Grundfutters

Menüplan für ein 40 kg schweres Minischwein

Frühstück	Mittagessen	Abendessen
▸ 200 g „Futtermischung 4“ oder „Sniff“ pur in warmem Wasser 10 Minuten aufquellen ▸ 1 Esslöffel eingeweichte Karottenpellets ▸ 1 kleiner Becher Joghurt oder 120 g Quark ▸ 1 TL Olivenöl ▸ Im Sommer anschließend Weidegang Im Winter anschließend feines Heu zur freien Verfügung, das bei schönem Wetter im Freien aufgeschüttelt wird, ansonsten in einer sauberen Ecke des Stalls.	▸ 200 g Bruchmais entweder großflächig im Gehege verteilen oder in Futterbälle, alte Weinflaschen oder Futtertonnen füllen. ▸ Das ist Beschäftigungsfutter mit Spaßeffekt. ▸ Weiterhin Weide oder Heu zur freien Verfügung.	▸ Obst- und Gemüseteller mit 2 Äpfeln, 1 Banane und 2 Tomaten

Kaufen Sie auf keinen Fall Futter für Mastschweine! Es ist auf enorme tägliche Gewichtszunahmen ausgelegt. Auch das Futter für milchgebende Sauen ist viel zu energiereich. Alle hier empfohlenen Mischungen müssen durch Ballaststoffe und Beschäftigungsfutter ergänzt werden, damit Ihre Minis sich satt fühlen. Getreide allein hat eine zu hohe Energiedichte, macht fett, aber nicht satt.

Gesundes Futter für die Kleinsten Minischweinferkel bekommen Ferkelkorn aus dem Landhandel, jedoch keinen Ferkelstarter. Letzterer ist für Ferkel in der Landwirtschaft entwickelt worden, die schon nach 24 Tagen von der Muttermilch abgesetzt werden. Minischweinferkel bleiben im Idealfall mindestens acht Wochen bei Ihren Müttern. Ihr Verdauungssystem ist daher schon reifer, wenn Sie in Ihre Obhut kommen.

Tipp

Füttern und Ausschlafen

Schlafen Sie am Wochenende gerne länger? Wenn ja, dann sollten Sie auf keinen Fall die Morgenmahlzeit immer zur selben Uhrzeit geben. Schweine, die nach genauem Zeitplan gefüttert werden, bestehen mit lautem Schreien und Quieken auf genau diesen Zeiten, ob es Ihnen passt oder nicht. Schweine, die gelernt haben, auch einmal auf ihr Futter warten zu müssen, tun das in der Regel sehr geduldig.

2

Augen auf beim Getreidekauf Der Landhandel bietet Getreide oft nur als Mehl (Schrot) oder im Ganzen an. Beides ist dauerhaft nicht optimal für Minischweine. Ganze Körner kommen unverdaut als Ballaststoff beim nächsten Geschäftchen wieder heraus, Mehl lässt sich nicht im Gehege verteilen und muss immer als Brei verfüttert werden. Das ist ungesund für die Zähne der Schweine. Pferdefutterläden bieten Einzelfuttermittel wie gequetschten Hafer, Gersteflocken und Bruchmais an. Aber Vorsicht! Kaufen Sie kein Pferdemüsli oder anderes Pferdefertigfutter! Es ist wegen seines für Schweine ungünstigen Phosphor-Calcium-Verhältnisses absolut schädlich für Minischweine und kann sogar zu langfristigen Schäden mit Todesfolge führen.

Reiner Weidegang reicht nicht aus! Füttern Sie auch im Sommer zweimal täglich eine kleine Ration an Getreide zu! In unseren kultivierten Gärten finden Minischweine weder unter noch über der Erde genug von dem, was sie brauchen, um gesund zu bleiben. Minis, die sich nur von Gras ernähren, haben zwar einen dicken Bauch, sehen aber ansonsten oft erschreckend mager aus. Ihre Borsten sind meist glanzlos, die Haut schuppt sich aufgrund von Mangelerscheinungen mehr als bei abwechslungsreich ernährten Schweinen. Häufig dauert es auch länger, bis die Borsten nach ihrem jährlichen Ausfallen im Frühjahr wieder komplett nachgewachsen sind.

Die Futtertonne bietet stundenlang Beschäftigungsmöglichkeiten.

Beschäftigungsfutter für Minis

Futter ist nicht nur Nahrungsmittel, sondern auch Beschäftigung. Wenn Wildschweine täglich bis zu neun Stunden auf Nahrungssuche sind, braucht man keine große Vorstellungskraft, um zu erahnen, wie langweilig eine Fütterung ausschließlich aus dem Trog für unsere Minis ist. Ich füttere deshalb nur einmal täglich aus der Schüssel. Ansonsten fülle ich Bruchmais, Rosinen oder

Erbsen in Futterbälle, Futtertonnen oder alte Weinflaschen. Minischweine können sich stundenlang damit beschäftigen, diese Utensilien zu kullern, bis auch das letzte Körnchen zum Vorschein gekommen ist. Wenn Sie zusätzlich noch ein bisschen Futter unter dem Heu verstecken oder im Gehege vergraben, erhöhen Sie den Spaßfaktor bei der Nahrungsaufnahme erheblich. Mehr zum Thema Futter und Spaß erfahren Sie im Kapitel Clickertraining mit Schweinen (Seite 100).

Schützenhilfe! So kommen die Maiskörner in der alten Flasche natürlich schneller zum Vorschein.

Futter richtig lagern

Lagern Sie das Futter unbedingt in verschließbaren Tonnen, damit Schadnager wie Ratten und Mäuse nicht an das Futter gelangen und es verunreinigen können. Sie können viele Krankheiten, wie z.B. Rotlauf übertragen. Rotlauf kann zudem über nicht genügend abgelagertes Stroh und Heu übertragen werden. Die Lagerzeit sollte deshalb vor der Verwendung mindestens vier Monate betragen. Dass Minischweine weder verdorbenes noch schimmeliges Futter fressen dürfen, versteht sich von selbst.

Minischweine pflegen

Minischweine sind äußerst pflegeleichte Tiere. Wenn Sie richtig gehalten werden, hält sich die tägliche „Körpertoilette“ in Grenzen.

Baden und eincremen Minis müssen nicht gebadet werden. Das würde ihrer Haut nur schaden. Auch sollten Sie Ihre Tiere nicht einölen. Viele Minischweinhalter ölen Ihre Minis zwar ein, wenn deren Haut schuppig ist. Aber außer wenn die Sonne vom Himmel brennt und eine Sonnenschutzcreme auf die empfindlichen Stellen gerieben werden muss, haben weder Salben noch Öle auf der Haut der Minischweine etwas zu suchen. Denn Öl wirkt wie ein

Kontrollieren Sie beim Schmusen täglich die Augen und die Ohren Ihrer Minis!

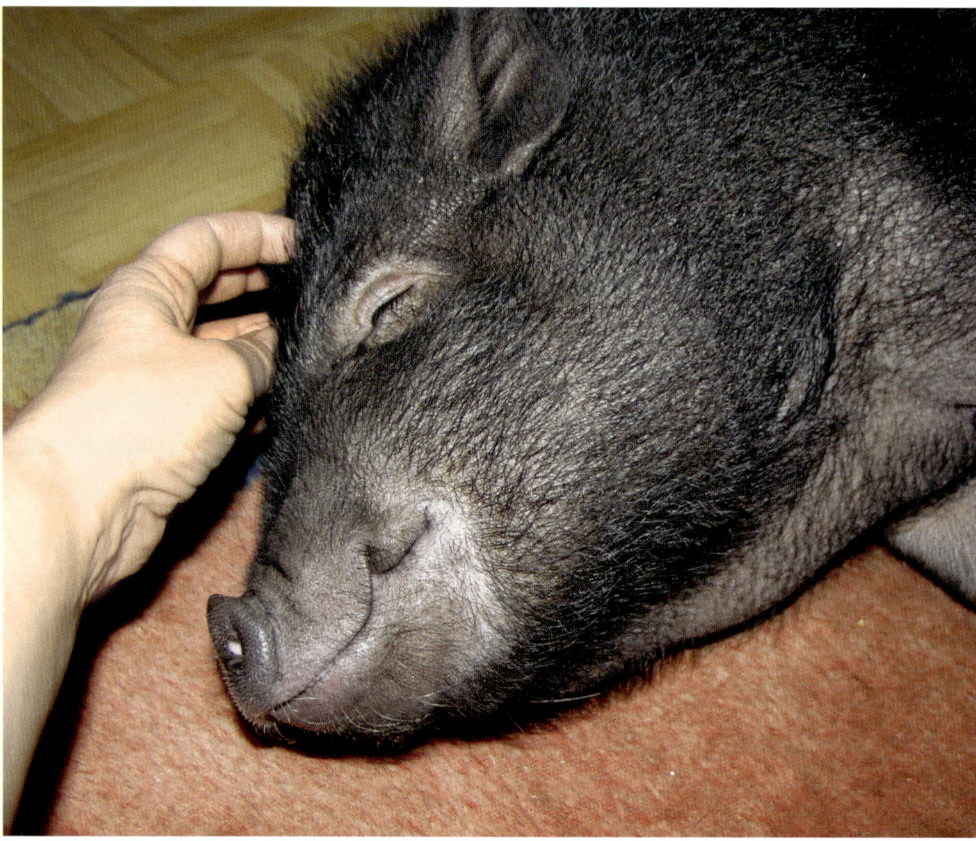

Treibhaus, verstopft die Poren und verstärkt Probleme mit der Thermoregulierung.

Bürsten Das Bürsten von Haut und Borsten ist keine Pflegemaßnahme im eigentlichen Sinne, sondern dient dem sozialen Körperkontakt. Fast alle Minis genießen es, gebürstet zu werden.

Augen und Ohrenkontrolle Augen und Ohren sollten täglich kontrolliert werden, aber bitte manipulieren Sie nicht an ihnen herum! So machen Sie es richtig:
Waschen Sie die Augen mit einem weichen Lappen mit warmem Wasser ohne Zusätze aus. Vorsicht! Wenn Augen und Ohren sehr verschmutzt sind, kann das auf Krankheiten oder Parasiten hinweisen.

Klauen Die Klauen müssen nur dann regelmäßig geraspelt werden, wenn die Tiere keine Möglichkeit haben, sie auf festem Grund abzulaufen.
Sehr lange Klauen werden mit einer Klauen- oder einer Rosenschere geschnitten. Wenn Sie unsicher sind, lassen Sie sich von Ihrem Tierarzt oder einem erfahrenen Schweinehalter einweisen! Mit etwas Übung ist das kein Problem und lässt sich wunderbar Klaue für Klaue in die Schmuseeinheiten einbauen. Ein entspannt auf der Seite liegendes Schwein, dem ein Helfer den kleinen, runden Bauch krault, merkt oft nicht einmal, dass sich jemand an seinen Füßen zu schaffen macht. Wenn Sie nicht genau sehen, wo das „Leben" in der Zehe anfängt, leuchten Sie das Füßchen von unten mit einer Taschenlampe an. Bei hellen Klauen ist dann ganz deutlich zu sehen, wie weit Sie schneiden können. Bei dunklen Klauen heißt die Faustregel: Lieber weniger und dafür häufiger schneiden als zu viel auf einmal. Schweine, die beim Klauenschneiden verletzt werden, lassen sich diese Prozedur sonst nie wieder freiwillig gefallen. Oft kommt man dann nur noch an die Füße heran, wenn die Tiere in einer Vollnarkose tief und fest schlafen.

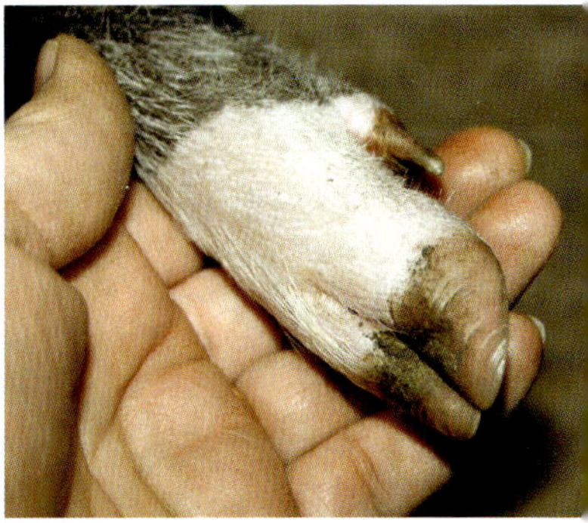

So sehen gesunde Klauen aus.

Ein Schwein zieht ein

„Tierische" Vorbereitungen

Nun ist es also so weit. Die neuen Familienmitglieder sollen einziehen. Bitte denken Sie vor der Anschaffung daran, dass Hunderte von Minischweinen in Tierheimen, den Gnadenhöfen der Vereine „Menschen für Schweine" und „Schweinefreunde", im Schweineasyl der „IG Minischwein" oder in Pflegestellen der drei genannten Organisationen auf ein neues Zuhause warten! Sie sind genauso niedlich wie Tiere vom Züchter und haben meistens einen langen Leidensweg hinter sich. Oft werden uns

Check: Die Grundausstattung

- ☐ Zaun
- ☐ Weidezaunstromgerät
- ☐ Schlafhütte
- ☐ Stall oder Gerätehaus
- ☐ Für die ersten Tage daheim einen großen Hundekorb, Katzentoilette
- ☐ Futterschüsseln
- ☐ Spielzeug
- ☐ Brustgeschirr und Leine
- ☐ Clicker
- ☐ Futter, Heu und Stroh
  Klauen- oder Rosenschere
- ☐ Hufraspel
- ☐ Bürste
- ☐ Flybox für Hunde (Größe L) oder einen Vieh- oder Pferdeanhänger für den Transport (für Ferkel genügt die kleinste Transportbox für Hunde oder Katzen).
- ☐ Eine Rotlichtlampe für junge Ferkel, die im Stall leben oder für erwachsene Tiere bei sehr strengem Winter.

tragende Säue übergeben, so dass Sie auch die Möglichkeit haben, junge Geschwistertiere aufzunehmen. Zudem werden Sie von den ehrenamtlichen Mitarbeitern der Vereine kompetent beraten, wann immer und wie lange Sie es wünschen.

Die Mitarbeiter des Vereins „Menschen für Schweine" besuchen Sie sogar zu Hause und helfen bei Erziehungsproblemen.

Möchten Sie Ihre Tiere bei einem Züchter kaufen, beachten Sie bitte den Infokasten (Seite 15)!

1 *Ein verwöhntes Kissenschweinchen.*

2 *„Wer bist Du denn?" Neugierig wird das Körbchen untersucht.*

Vor dem Kauf klären

Fragen Sie Ihren Vermieter, ob er die Haltung von Minischweinen erlaubt. Erkundigen Sie sich beim Veterinäramt, ob Sie Minischweine halten dürfen und welche Auflagen (Zaunhöhe? Sind Spaziergänge erlaubt? etc.) Sie erfüllen müssen. (siehe auch Seite 88). Lassen Sie sich am besten schon vor dem Kauf eine Betriebsnummer zuteilen. Informieren Sie Ihre Nachbarn, dass Sie bald Minischweine haben werden. Und klären Sie über Vorurteile über Schweine auf.

Überlegen Sie frühzeitig, wer sich um Ihre Minischweine kümmert, wenn Sie einmal in Urlaub fahren möchten. Denn Minischweine kann und darf man nicht überall mit hinnehmen.

Gemütlichkeit steht bei allen Minischweinen hoch im Kurs.

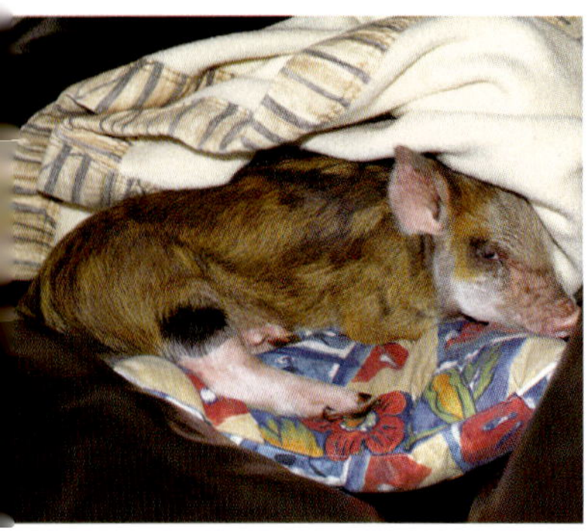

So machen Sie Ihr Zuhause schweinesicher

Bevor Sie Ihre neuen Mitbewohner abholen, müssen Sie Ihre Wohnung und Ihren Garten schweinesicher machen, das bedeutet:

- Giftpflanzen aus Haus und Garten verbannen (siehe Gartenpflanzen Seite 50). Im Haus häufig sind: Dieffenbachie, Philodendron, Weihnachtsstern, Alpenveilchen, Azaleen, Clivien, Efeu, Farne, Geranien, Oleander, Osterglocken, Primeln.
- Putzmittel, Dünger, Streusalz, Frostschutzmittel, Alkohol wegstellen.
- Glatte Fußböden (Parkett, Fliesen) mit Teppichen abdecken, damit die Tiere nicht ausrutschen.
- Steckdosen mit Kindersicherung versehen und lose Kabel und andere „Fußfallen" aus dem Weg räumen.
- Treppenschutzgitter anbringen. Viele Minis können Treppen zwar hinauf, aber nicht wieder herunter laufen.
- Außerdem bereiten Sie am besten Auslauf, Stall und Hütte vor, wie auf Seite 42 und den Folgeseiten beschrieben.

Der Transport ins neue Heim

Erwachsene Schweine sind vorzugsweise in einem gut belüfteten Anhänger (Pferdeanhänger), der mit viel Stroh ausgepolstert ist, zu transportieren. Jüngere Schweine können in einer Flybox für Hunde oder Katzen im PKW mitfahren. Das klappt völlig ohne Probleme. Fast alle Minischweine kuscheln sich nach wenigen Minuten in ihr Nest und verschlafen die ganze Fahrt. Der Gesetzgeber schreibt vor, Fahrzeuge nach einem Schweinetransport zu desinfizieren. Einen Anhänger oder eine Flybox können Sie mit einer Desinfektionslösung auswaschen, für den PKW haben sich entsprechende Sprays bewährt.
Freiwillig steigen die wenigsten Minis in einen Anhänger oder eine Flybox. Ferkel kann man einfangen und in die Flybox setzen. Größere Schweine müssen mit Futter gelockt werden. Bleiben die Tiere trotzdem misstrauisch, bilden Sie mit ein paar Helfern und breiten Brettern eine Gasse und schieben Sie die Schweine über die Verladerampe in den Anhänger.

Endlich daheim

Im neuen Zuhause angekommen, brauchen die Tiere erst einmal Ruhe und die Möglichkeit, sich zurückzuziehen. Schnell jedoch werden sie ihr neues Territorium erkunden. Minischweinferkel sind anfangs oft extrem scheu. Um sie schneller zahm zu bekommen, rate ich dazu, Neulinge in den ersten Tagen überwiegend im Haus zu halten. Sprechen Sie viel und sehr ruhig mit ihnen, setzen Sie sich immer wieder, ohne die Kleinen zu bedrängen, zu ihnen auf den Fußboden. Halten Sie ihnen Bananenscheiben oder andere Leckereien vor die Rüsselchen und füttern Sie sie aus der Hand! Je ruhiger sich alle verhalten, umso schneller werden die Kleinen Vertrauen fassen. Fangen Sie frühzeitig mit dem Clickern (Seite 100) an. Clickern ist eine sehr vertrauensbildende Maßnahme.

Tipp

Stressfrei verladen

Wenn möglich, bringen Sie die Transportkiste oder den Anhänger schon Tage vorher zum abgebenden Halter und lassen Sie ihn die Tiere regelmäßig darin füttern. Dann verläuft das Verladen für alle Beteiligten völlig stressfrei.

Sie haben es in der Hand, wie eng die Beziehung zu Ihren Schweinchen wird.

Wenn Minischweine krank sind

Wichtige Krankheiten bei Minischweinen

Minischweine sind sehr robust und fast nie krank. Ich beschränke mich deshalb darauf, auf Krankheiten und Beschwerden hinzuweisen, die tatsächlich auftreten. Außerdem stelle ich Ihnen selbstverständlich die gefährlichsten Seuchen und deren Symptome vor. Da ich keine Tierärztin bin, gebe ich keine medizinischen Ratschläge, die über die Selbsthilfe bei banalen Erkrankungen und kleineren Verletzungen hinausgehen. Und auch diese eher harmlosen Ratschläge gebe ich nur mit dem Hinweis, dass sie niemals Diagnose und Therapie durch einen mit Schweinen erfahrenen Tierarzt ersetzen können.

Minis, die von Anfang an viel an der frischen Luft sind, werden selten krank.

Check: Das gesunde Minischwein

- ☐ Gewicht: weder fett noch dürr.
- ☐ Borsten und Haut: glänzende anliegende Borsten, eine relativ glatte Haut.
- ☐ Augen: klar und sauber.
- ☐ Kot: Der Kot ähnelt dem eines Hundes, geformt bis dickbreiig. Durchfall ist ein schlechtes Zeichen; sog. „Hasenköttel" deuten auf zu wenig Flüssigkeit hin.
- ☐ Appetit: Minischweine haben einen gesunden Appetit.
- ☐ Verhalten: aufmerksam und lebhaft.

Info

So berechnen Sie das Gewicht Ihres Minis

Um Medikamente und Wurmkuren exakt dosieren zu können, müssen Sie zumindest ungefähr wissen, wie schwer Ihre Schweinchen sind. Irgendwann ist jedes Mini zu schwer, um mit ihm gemeinsam auf die Waage zu steigen.

Folgende Formel hat sich bewährt:

- *Den Brustumfang hinter den Vorderläufen messen.*
- *Länge des Minis messen (ohne Schwanz).*
- *Die Maße in Zoll umrechnen (1 Zoll = 2,54 cm).*
- *Brustumfang (in Zoll) mit sich selbst multiplizieren.*
- *Ergebnis mit der Länge des Schweins (in Zoll) multiplizieren. Dieses Ergebnis durch 400 teilen.*
- *Jetzt ergibt sich das Gewicht des Minischweins in Pound (453,59243 g). Das Ergebnis mit 0,45359243 multiplizieren.*

Damit haben Sie das Gewicht Ihres Schweins in Kilogramm ausgerechnet.

1 Dieses Hängebauchschwein ist extrem mangelernährt und hat zudem vermutlich Würmer.

2 Das andere Extrem: Aus falsch verstandener Tierliebe völlig verfetteter Hängebauchmischling.

1

2

Schweinekrankheiten – ein Thema für sich

Das Problem bei Schweinekrankheiten ist, dass viele Symptome bei mehreren Erkrankungen auftreten. Nur wirklich mit Schweinen erfahrene Tierärzte kennen sich damit aus und sollten Ihre Tiere behandeln! Ein weiteres Problem bei der Behandlung von Minischweinen ist leider – und das wird von vielen Haltern als sehr belastend beschrieben –, dass Minischweine sich nicht wie Hunde oder Katzen geduldig untersuchen und behandeln lassen. Die meisten wehren sich vehement gegen jede Manipulation. Das Fiebermessen klappt zum Glück bei kranken Tieren meistens sehr gut. Es wird im After mit einem digitalen Thermometer gemessen und muss am besten mit einem Faden gesichert sein, falls es einmal zu tief rutschen sollte.

Verklebte Augen und Ausfluss

Viele Minischweinhalter glauben, es sei normal, wenn Minis ständig verklebte und triefende Augen haben. Dass auch Augenentzündungen ansteckend und ganze Bestände infiziert sein können, ist leider vielen, auch langjährigen, Minischweinhaltern unbekannt. Es gibt keinen biologischen Grund dafür, dass Schweine ständig tränende, eiternde und verklebte Augen haben müssten. Mit dem Sekret, das Wildschweine zum Markieren aus ihren Augendrüsen an Mahlbäume reiben, hat das nichts zu tun. Viele Minischweinhalter vergleichen den Eiter oder die rote Rinne aus den Augen ihrer Minis damit und fühlen sich so auf der sicheren Seite. Die Drüsenflüssigkeit des Wildschweins jedoch ist klar und läuft nicht ständig aus den Augen. Mein eigenes Wildschwein Biggi hat stets trockene und klare Augen, so wie alle meine anderen inzwischen 20 Schweine auch.

Die Gründe für dieses so weit verbreitete Problem bei Minischweinen sind vielschichtig:

- Hochinfektiöse Bindehautentzündungen, daher schmieren und eitern oft ganze Bestände vor sich hin.
- Bakterielle Infektionen bei Minis, die beim Wühlen den halben Kopf unter die Erde stecken.
- Eine allgemeine Abwehrschwäche macht sich bei Minis an den Augen bemerkbar.
- Mangelnde Stallhygiene (Ammoniak reizt die Augen), Durchzug, Überbelegung.
- Fremdkörper (kleine Strohpartikel, wenn das Stroh nicht oft genug gewechselt wird).
- Allergien.
- Überfettung mit der Folge eines Rolllids, wodurch die Wimpern ständig auf den Augen reiben.
- Verletzungen, die bei Rangordnungskämpfen entstanden sind.
- Räudemilben.

Vorsicht! Minis, die so tief wühlen, können bakterielle Augenentzündungen bekommen.

Eitriger Augenausfluss Der Tierarzt wird ein Antibiotikum verordnen, damit sich die Infektion nicht über die Blutbahn im ganzen Organismus verteilt.

Gerötete Augen mit klarem Ausfluss Der Fremdkörper muss vorsichtig entfernt werden. Klären Sie die Diagnose vorher mit Ihrem Tierarzt ab, bevor Sie etwas unternehmen. Homöopathische Augentropfen oder Globuli haben sich bewährt. Mehrmals täglich ein bis zwei Tropfen Conjunctisan A einträufeln und die Tiere den Rest der Dosierampulle mit der Nase aufschnauben lassen.

Oder Euphrasia D 2 Globuli: dreimal täglich fünf Globuli für erwachsene Tiere, zweimal täglich drei Globuli für Ferkel und für Halbstarke (Läufer) dreimal täglich drei Globuli.

Die Stirnfalte dieses Hängebauchschweins ist zu dick, die Augen entzündet.

Roll-Lid Dringend das Tier abspecken! Entzündung homöopathisch behandeln.

Rote Dauerrinne Räudebehandlung mit Ivomec durchführen.

Vorsicht mit Kamille! Sie sollten eine Augenentzündung nicht mit Kamille behandeln, weil kleinste Partikelchen das Auge zusätzlich reizen können.

Schuppige, borkige Haut

Wenn Minischweine über die Maßen schuppige Haut haben, sich ständig scheuern und zum Schluss sogar blutige Stellen an den Ohren, der Schwanzwurzel und am Körper haben, müssen Sie immer an eine Räude denken. Die Räude wird ausgelöst durch die Sarcoptes Milbe, die mit bloßem Auge nicht zu erkennen ist. Die weiblichen Tiere dieser Grabmilbe bohren sich tief in die Haut ein und legen dort ihre Eier ab. Dadurch entstehen Hautveränderungen, die furchtbaren Juckreiz auslösen. Die Haut ist wie bei uns ein großes Körperorgan. Sie hat nicht nur eine Schutzfunktion, sondern erfüllt auch andere, wichtige Aufgaben. Zum Beispiel stellt sie das Vitamin D her.

Schweine, die sich extrem scheuern, haben oft Räude.

Die chronische Form der Räude verläuft nicht so dramatisch und wird von Haltern deshalb häufig übersehen. Zwar haben die Tiere Schuppen, scheuern sich jedoch nicht auffallend oft. Diese chronischen Formen kommen so oft vor, dass fast alle Minischweinhalter denken, es sei normal, wenn Schweine so viele Schuppen haben. Auch diese chronischen Formen sind ansteckend und die Schweine infizieren sich immer wieder gegenseitig, wenn nicht alle gleichzeitig konsequent behandelt werden.

Behandlung Ivomec ist das Mittel der Wahl bei allen Formen der Räude. Es wird entweder in genau 14-tägigem Abstand zweimal vom Tierarzt gespritzt, oder übers Futter gegeben. Der Tierarzt wiegt das Pulver genau ab, das Sie dann an zehn aufeinander folgenden Tagen unters Futter mischen müssen. Zur Vorbeugung reicht es aus, alle drei Monate Ivomec spritzen zu lassen oder unters Futter zu mischen. Damit haben Ihre Schweinchen auch gleich eine Wurmkur bekommen. Ivomec wirkt nämlich sowohl gegen Endo- als auch gegen Ektoparasiten.
Stall und Gegenstände, mit denen Ihre Schweinchen in Berührung kommen, müssen Sie nicht mit Insektizid behandeln. Milben sind ohne Wirt nur kurze Zeit überlebensfähig.

Diese beiden Minis brauchen dringend eine Räudebehandlung.

Zinkmangel Ein weiterer Grund für borkige Haut kann Zinkmangel sein. Überprüfen Sie die Zusammensetzung Ihres Futters und geben Sie Zinkcarbonat hinein, wenn Sie eine Räude ausschließen können.

Sonnenbrand Ebenfalls schuppig bis vernarbt sieht die Haut nach einem Sonnenbrand aus. Wie Sie einen Sonnenbrand verhindern können, lesen Sie auf. Seite 49. Wenn es aber doch passiert ist, tupfen Sie die heißen, geröteten Stellen mit kaltem, schwarzem Tee vorsichtig ab! Oder sprühen Sie eine After-Sun-Lotion für Kinder aus der Apotheke auf die betroffenen Hautstellen! Bitte schmieren Sie keine Salben oder Öle auf die brennende Haut! Die Hitze wird darunter eingeschlossen und kann nicht entweichen.

Wurmbefall

Die Behandlung von Darmparasiten deckt sich im Wesentlichen mit der Räudebehandlung. Auch bei diesem Problem ist Ivomec das Mittel der Wahl, sollte aber im Wechsel mit Panacur eingesetzt werden. Ivomec wirkt nämlich nur gegen Rund-, nicht gegen Bandwürmer. Entwurmen Sie Ihre Minis viermal im Jahr. Die meisten Schweineparasiten fühlen sich leider auch beim Menschen sehr wohl. Vor allem, wenn Sie kleine Kinder haben, müssen Sie eine verantwortungsvolle Wurmprophylaxe durchführen.

Nasenausfluss

Bei Nasenausfluss müssen Sie immer daran denken, dass dieses Symptom neben anderen Möglichkeiten auf Lungenwürmer hindeuten kann. Kommt noch ein Husten dazu, sollten Sie auf jeden Fall diesen Verdacht vom Tierarzt überprüfen lassen!

Infektionskrankheiten

Minischweine sind sehr viel robuster als ihre großen Artgenossen in der Massentierhaltung. Krankheiten, die durch diese tierunwürdige Haltung entstehen, werden im Folgenden nicht beschrieben.

Rotlauf

Das Rotlaufbakterium ist weltweit verbreitet und befindet sich überall in der Umgebung der Tiere. Auch Insekten können mit ihrem Stich dieses Bakterium übertragen.
Symptome der akuten Form Fieber bis 42° C Grad. Appetitlosigkeit, erschreckend schlechte Verfassung der Minis. Oft sterben sie über Nacht, noch bevor die typischen rechteckigen, roten Flecken auf der Haut erscheinen. Anfällig sind vor allem jüngere Tiere, aber

gelegentlich erkranken auch ältere. Als Komplikation ist vor allem die Herzklappenentzündung zu nennen.
Chronischer Verlauf/Gelenkrotlauf Geschwollene Gelenke an den Hinterbeinen, steifer, schmerzender Gang.
Achtung! Rotlauf gehört zu den Zoonosen, ist also auf den Menschen und andere Tiere übertragbar.
Behandlung Nur vom Tierarzt und so schnell wie möglich. Die akute Form ist mit Antibiotika gut zu behandeln, die chronische ist unheilbar. Gegen Rotlauf können Sie Ihre Minis mit regelmäßigen Impfungen im Abstand von sechs Monaten schützen.

Leptospirose

Symptome sind hohes Fieber, Appetitlosigkeit, Gelbsucht und Durchfall. Der Tierarzt kann nur durch eine Blutuntersuchung unterscheiden, ob es sich nicht um die Europäische Schweinepest oder die Aujeszky'sche Krankheit handelt. Leptospirose ist meldepflichtig.

Aujeszky'sche Krankheit (AK)

Diese Krankheit – auch Pseudowut genannt – wird durch ein Herpes-Virus hervorgerufen, das jahrelang im Körper schlummern kann, bis es durch eine Abwehrschwäche zum Ausbruch kommt.
Symptome Die Schweine zeigen ganz unterschiedliche Anzeichen; manche sitzen da wie Hunde und husten trocken, andere liegen teilnahmslos herum und schmatzen und speicheln vor sich hin oder knirschen mit den Zähnen. Die Tiere fressen nichts. Manche Schweine haben einen leicht schwankenden Gang, viele aber zeigen fast gar keine Symptome. Für andere Tierarten wie Rinder und Hunde ist dieses Virus immer tödlich.
Es kann auch Ihnen in der Hobbyhaltung mit Minischweinen passieren, dass das Veterinäramt Ihre kleine Rotte

Rotlauf gehört zu den Zoonosen und ist auch auf den Menschen und andere Tiere übertragbar.

regelmäßig durch einen Tierarzt auf AK testen lässt.
Die Kosten für diese Blutuntersuchung übernimmt die Tierseuchenkasse.
AK ist anzeigepflichtig!

Maul- und Klauenseuche (MKS)

Diese hoch ansteckende Seuche wird von allem übertragen, was mit einem infizierten Tier in Berührung gekommen ist, ob Menschen, Tiere oder Fahrzeuge.
Symptome Bläschen (Aphten), zuerst um Maul und Rüssel, später am ganzen Körper, sogar an den Klauen. Die Tiere haben furchtbare Schmerzen, oft verlieren sie sogar ihre Klauen.
MKS ist eine anzeigepflichtige Seuche!

Europäische Schweinepest (ESP)

Diese Seuche wird unter anderem durch nicht genügend erhitzte Speiseabfälle, das streng verbotene Füttern von Fleisch und infizierte Wildschweine, die sich zuvor an wilden „Mülldeponien“ an Nahrungsmitteln infiziert haben, übertragen.
Symptome Sehr hohes Fieber, unsicherer Gang, manchmal Krämpfe, Mattigkeit und Appetitlosigkeit, punktförmige Blutungen am ganzen Körper, eitriger oder blutiger Nasenausfluss, Blaufärbung des ganzen Körpers, geschwollene Augenlider, Schluckbeschwerden und Röcheln. Am Anfang der Erkrankung haben die Tiere Verstopfung, später massiven Durchfall. Erkrankte Wildschweine verlieren ihre Angst vor den Menschen und kommen bis an Bauernhöfe heran.
Bei Wildschweinen hat sich eine Köderimpfung bewährt. Beim Schreiben dieses Buches war ein markierter Impfstoff für Hausschweine, der im Serum den Nachweis liefert, ob es sich um eine echte Infektion oder eine Impfinfektion handelt, noch in der Erprobungsphase. Es wäre

Wichtig!

Anzeigepflichtige Seuchen

Alle anzeigepflichtigen Seuchen werden nicht behandelt, sondern die Tiere werden ausnahmslos getötet.

für alle Schweine und deren Halter eine große Erlösung, wenn gegen diese Geisel endlich geimpft werden dürfte. Die Europäische Schweinepest ist anzeigepflichtig.

Grippe des Menschen

Sie können Ihre Minis mit einer echten Virusgrippe anstecken, nicht jedoch mit einer banalen Erkältung.
Symptome Hohes Fieber, Husten, Mattigkeit, Appetitlosigkeit.
Behandlung Sie können Ihren Tieren Erleichterung verschaffen, wenn Sie mit einer Blumendusche im Stall ätherische Öle vernebeln. Gerne legen sich die Tiere auch unter eine Wärmelampe. Meistens aber wird der Tierarzt eine antibiotische Behandlung durchführen müssen, weil der Husten oft in eine bakterielle Infektion und eine Lungenentzündung übergeht.

Schweinegrippe

Die Schweinegrippe ist nicht auf den Menschen übertragbar. Der Erreger Mycoplasma hyopneumoniae kommt nur beim Schwein vor. Mycoplasmen gibt es fast überall.
Symptome Wie bei einer Menschengrippe. Unbehandelt könnte Ihr Schweinchen daran sterben.
Gegen die Schweinegrippe kann geimpft werden. Sorgen Sie aber in erster Linie dafür, dass Ihre Tiere durch viel frische Luft und gesundes Futter abgehärtet sind.

Tetanus

Tetanus (Wundstarrkrampf) wird durch Clostridien ausgelöst, die beim Schwein eher für andere Erkrankungen verantwortlich sind. Der Erreger lebt überall im Boden und im Verdauungstrakt. Wie beim Menschen gelangt das Virus über verschmutzte Wunden in den Körper.
Symptome Steifer Gang, später Muskelverhärtungen und Krämpfe.

Tetanus kommt beim Schwein nur äußerst selten vor. Trotzdem empfehle ich eine Impfung, weil die Krankheit stets tödlich endet. Mit der Impfung sind Sie auf der sicheren Seite.

Tollwut

Da Tollwut auch auf den Menschen übertragbar ist, sollten Sie Freilandschweine auf jeden Fall gegen Tollwut impfen lassen. Die Krankheit wird durch Kontakt mit infizierten Tieren hervorgerufen.

Symptome Apathie, später Speichelfluss, die Tiere schwanken, zittern, weichen Berührungen aus, haben großen Durst, können aber nicht schlucken. Sie werden ausgesprochen aggressiv. Spätestens nach fünf Tagen sterben sie.

Gegen Schweinegrippe kann man impfen.

Vergiftungen und Durchfall

Vergiftungen

Minischweine haben normalerweise gut funktionierende Instinkte, die sie davor schützen, Giftpflanzen zu fressen. Welche Pflanzen Sie besser aus dem Umfeld der Minis entfernen sollten, lesen Sie auf Seite 50 und Seite 66. Problematischer ist es bei den Substanzen, die nicht in ihren Schutzmechanismus passen, weil die Natur sie für sie nicht vorgesehen hat. So wissen unsere Lieblinge z. B. nicht, dass sie sich an Schokolade, Salz und Alkohol vergiften können. Es schmeckt ihnen einfach zu gut und wie kleine Kinder, die Süßigkeiten bis zur Übelkeit naschen, fressen sie solche ungesunden Dinge bis zum Umfallen. Bei einer Alkoholvergiftung können Sie Ihrem noch wachen Mini einen guten Teelöffel voll Kaffeepulver auf die Zunge streichen und es mit kalten Umschlägen und viel Ansprache bei Bewusstsein halten. Bewusstlosen Tieren dürfen Sie natürlich nichts eingeben, weil sie daran ersticken können. Achtung! Wirklich helfen kann bei Vergiftungen nur ein Tierarzt!

Banaler Durchfall

Ein einfacher Durchfall, der nur durch eine leichte Infektion oder einen verdorbenen Magen entstanden ist, lässt sich mit dem biologischen Mittel Stullmisan gut behandeln. Dieses Pulver bekommen Sie beim Tierarzt. Verrühren Sie das Pulver immer erst mit etwas kaltem Wasser, bevor Sie es nach Gebrauchsanweisung unters Futter mischen! Es würde ansonsten klumpen. Stullmisan ist absolut unschädlich. Deshalb dürfen Sie es höher dosieren, wenn es in der angegebenen Dosis nicht genügend wirkt. Gegen Bauchschmerzen hilft das pflanzliche Mittel Colosan. Hält der Durchfall länger als einen Tag an, müssen Sie den Tierarzt rufen!

Wichtig!

Verdacht auf Vergiftung

Beim geringsten Verdacht auf eine Vergiftung müssen Sie so schnell wie möglich Ihren Tierarzt rufen! Plötzlich einsetzende Übelkeit, Erbrechen, Durchfall, Schwindel, Atemnot, Krämpfe, Zittern, Verätzungen und Kreislaufschwächen bis zum Kollaps sind typische Anzeichen für eine Vergiftung.
Heben Sie von der angefressenen Pflanze oder Substanz etwas auf, damit Ihr Tierarzt sehen kann, um was es sich handelt.

Für Eicheln werden Minischweine zu kleinen Akrobaten.

Rechtliches rund um Minischweine

Wichtige Bestimmungen

Minischweine gelten als Nutztiere und unterliegen den für diesen Bereich gültigen Gesetzen und Verordnungen. Dazu gehört Folgendes:

- Meldung beim zuständigen Veterinäramt.
- Innerhalb von spätestens 14 Tagen – Meldung bei der Tierseuchenkasse.
- Innerhalb von spätestens 7 Tagen – Meldung bei der zentralen Datenbank für Schweine (HI-Tier).

Die HI-Tier speichert sämtliche Schweinebewegungen in Deutschland. Sie ist so etwas wie ein Einwohnermeldeamt für Schweine. Diese Meldestelle ist eingerichtet worden, um beim Ausbruch einer Seuche genau sehen zu

„Wir sind doch keine Nutztiere, auch wenn der Gesetzgeber es sagt".

können, woher kranke Tiere kommen. Kaufen oder übernehmen Sie deshalb keine Minischweine ohne Ohrmarken oder aus einer nicht gemeldeten Haltung! Sonst bleibt der „Schwarze Peter", ein illegales Schwein zu haben, bei Ihnen. Sie können es ohne Betriebsnummer des abgebenden Betriebs nicht ummelden. Tierheime und Gnadenhöfe haben immer Betriebsnummern.
Lassen Sie sich schon vor der Übernahme Ihrer Minischweine vom zuständigen Veterinäramt eine Betriebsnummer für Ihre Schweinehaltung geben! Sie brauchen sie für das Meldeverfahren bei der Zentralen Datenbank für Schweine. Veterinärämter sind bei den Verwaltungen der Landkreise und kreisfreien Städte angesiedelt.

Die Tierseuchenkasse tritt für Schadensfälle im Seuchenfall ein und bezahlt notwendige Blutuntersuchungen, um Seuchen auszuschließen. Die Beiträge sind minimal und liegen je nach Wohnort zwischen 10 und 20 Euro jährlich. Die vorgeschriebenen Meldungen sind wesentlich weniger kompliziert, als Sie jetzt vielleicht denken. Sie bekommen von der Seuchenkasse automatisch Zugangsdaten fürs Internet und Meldekarten für den Postweg zugeschickt.
Völlig unterschiedlich handhaben Veterinärämter die Pflicht, ein Bestandsbuch zu führen. Manche verlangen ein Bestandsbuch schon bei einem Minischwein, andere bei einer wesentlich größeren Zahl von Tieren. Ins Bestandsbuch tragen Sie alle „schweinischen" Neuzugänge und Abgänge ein! Außerdem notieren Sie hier alle Medikamente mit Menge und Datum, die Ihre Minis bekommen haben! Vordrucke bekommen Sie beim Landtierarzt. Welche Einzäunung in Ihrem Landkreis vorgeschrieben ist und ob Sie mit Ihren Minischweinen spazieren gehen dürfen, ob Ihre Minischweine die Marken am Ohr tragen müssen, oder ob es genügt, sie zu Hause in der Schublade zu haben, erfahren Sie ebenfalls beim Veterinäramt. Die Mitarbeiter sind meist sehr freundlich und helfen gerne weiter. Alle Schweinehalter sind verpflichtet, sich umfassend über Schweinekrankheiten zu informieren, um sie erkennen zu können. Es würde den Rahmen dieses Ratgebers sprengen, sie alle hier zu nennen. Lesen Sie Fachbücher über Schweinekrankheiten, um umfassend informiert zu sein!
Auf der Homepage des Bundesministeriums für Verbraucherschutz, Ernährung und Landwirtschaft (BMVEL) finden Sie immer die aktuellsten Gesetze, Verordnungen und komplette Listen über alle Krankheiten, die anzeige- und meldepflichtig sind. Diese und weitere interessante Internetadressen finden Sie im Anhang des Buches.

Manche Veterinärämter geben für Minischweine besonders kleine Ohrmarken heraus.

AUTHENTIC JEANSBRAND

Minischweine erziehen und beschäftigen

Konsequente und liebevolle Erziehung

Grundsätzlich unterscheidet man zwischen der Erziehung unserer „schweinischen“ Familienmitglieder und ihrer Ausbildung. Die Erziehung regelt die Umgangsformen innerhalb der Familie. In der Ausbildung werden diese intelligenten Tiere sinnvoll gemäß ihren Anlagen gefordert und gefördert.

Wichtige Erziehungsregeln

Grenzen setzen, aber richtig

In der Erziehung kommen wir nicht umhin, neben der Verstärkung erwünschten Verhaltens auch klare Grenzen zu setzen, wenn sich unsere Minischweinchen nicht zu benehmen wissen. Nicht alles lässt sich mit dem Ignorieren von Unarten erledigen.

In der Ausbildung sollte tatsächlich ausschließlich positiv

Niedlich anzusehen, aber beim erwachsenen Mini mit rund 50 Kilo zu gefährlich für Kinder.

bestärkt werden. Die Tiere sollen durch Eigeninitiative, Versuch und Irrtum zum Erfolg kommen. Hier genügt es, Fehler einfach zu ignorieren und erwünschtes Verhalten zu bestärken.

Vorsicht, Erziehungsfehler! Permanentes Füttern, ohne dass die Tiere etwas dafür tun müssen, führt oft in eine schlimme Falle. Schweine sind über die Maßen „fressgesteuert". Haben sie sich das Betteln erst angewöhnt, ist es schwer, es ihnen wieder abzugewöhnen. In leichten Fällen können Sie das ewige Betteln und Anstupsen ignorieren. In schweren Fällen wird das Tier beißen, wenn es nicht bekommt, was es will. Da helfen weder dicke Stiefel noch Lederhosen; Schweinebisse tun höllisch weh und sind gefährlich. Vor allem für Kinder sind solche Minis eine große Gefahr, zumal sie erstaunlich hoch springen können und sehr entschlossen sind, wenn sie eine Auseinandersetzung suchen.

Info

Kinder und Minischweine

Kleine Kinder sollten nicht in die Erziehung des Minischweins einbezogen werden! Sie sollten nicht versuchen, die Minischweine zu maßregeln oder sich gegen sie durchzusetzen. Kinder müssen unbedingt außerhalb der Rangordnung stehen!
Sie müssen von den Minischweinchen wohlwollend geduldet werden und dürfen niemals zur Konkurrenz werden. Denn sie haben gegen ein noch so kleines Minischwein keine Chance!

1 „Na, was machen wir jetzt?"

2 „Sitz!" ist eine von Tillys leichtesten Übungen.

1

2

Beißattacken beenden Schreien Sie Ihr Schwein laut an, schimpfen Sie mit böser Stimme „Nein!" Jüngere Schweine und weniger entschlossene können Sie mit festem Griff hinter den Ohren mit Daumen und Zeigefinger fixieren. Da Schweine keinen sehr beweglichen Kopf haben, können Sie so eine Attacke erfolgreich abwehren. Diese Maßnahme ist auf keinen Fall von Kindern durchzuführen!

Wenn Ihr Mini jemanden in der Wohnung beißen will, bringen Sie es sofort nach draußen! Schützen Sie sich, wenn es sein muss, durch ein breites Brett oder Gitter, während Sie Ihren Unhold nach draußen schieben! Freiwillig gehen sie nämlich meist nicht! Er oder sie darf mit diesen Beißattacken keinen Erfolg haben!

Wer sich nicht benimmt, hat in der Wohnung nichts zu suchen! Schweine hassen es, ausgesperrt zu werden. Schimpfen Sie mit Ihrem Mini, während Sie es rausbringen. Holen Sie es erst wieder ins Haus, wenn es sich beruhigt hat. Wiederholen Sie gegebenenfalls diese Maßnahme! Aber beenden Sie den Tag immer mit einer Versöhnung!

Viele Schweinehalter lassen sich auf Kämpfe mit ihren Minis in Schweinemanier ein. Ignorieren Sie Ratschläge wie: „Tritt oder boxe Deinem Schwein gegen die Schulter! Das tun Schweine untereinander doch auch." Ich persönlich habe diese Methode noch nie angewandt und warne davor. Schweine wissen, dass Menschen keine Schweine sind. Auch wenn diese Methode manchmal scheinbar zum schnellen Erfolg führt, so besteht doch immer die Gefahr, dass Ihr Schwein diese Aufforderung zum Rangordnungskampf annimmt. Und was dann? Einen solchen Kampf kann niemand gewinnen, auch mit einem Minischwein nicht. Stellen Sie sich vor, ich würde mich mit meinen 300 Kilo schweren Hybridschweinen auf eine solche Machtprobe einlassen! Übertriebenes Dominanz-

In der Spülmaschine haben Minischweine nichts zu suchen, auch wenn sie noch so verführerisch riecht!

gebaren ist keine gute Voraussetzung für ein harmonisches Miteinander. Gegenseitiger Respekt und Liebe sind die besseren Ratgeber. Kämen Sie auf die Idee, sich mit einem Hund zu beißen, sich mit einem Pferd in Pferdemanier auseinanderzusetzen? Wir wollen eine vertrauensvolle Beziehung zu unseren Tieren aufbauen. Wenn Ihr Tier Ihnen nur gehorcht, wenn Sie sich wie ein Artgenosse benehmen, oder wenn es Angst vor Ihnen hat, dann wird es Sie auch wie einen Artgenossen behandeln, wenn Sie einen schwachen Moment haben. Möglicherweise nutzt es diesen Moment aus und macht dann Ihnen Angst. Schwache Rottenführer ohne wirkliche Führungsqualitäten werden in der Natur „ausgemustert". Stellen Sie sich vor, Sie hätten Ihre Schweine mit Tritten oder Schlägen erzogen und würden in deren Gehege ausrutschen und sich ein Bein brechen! Ich jedenfalls würde lieber hilflos bei einem Tier liegen, das mir vertraut, als bei einem, das Angst vor mit hat.
Am sichersten ist eine Erziehung, die Fehler von Anfang an vermeidet. Sind sie dennoch gemacht worden, was

sicher jedem von uns passiert, müssen wir sie mit geeigneten Instrumenten wieder ausmerzen. Gewalt erzeugt immer Gegengewalt. Mit dem schmerzlosen Griff hinter die Ohren beispielsweise engen Sie nur die Bewegungsfreiheit des Minis ein und verhindern, dass Ihr kleiner Wüterich Sie verletzt. Das ist Ihr gutes Recht! Aussperren, Schimpfen und Ignorieren sind ebenfalls gewaltfreie Methoden und nicht schmerzhaft.

Die Klappermethode Eine weitere Möglichkeit, unerwünschtes Verhalten zu unterbrechen, ist die Ablenkung. Ich habe zu diesem Zweck ein paar Dosendeckel aneinander gebunden und mit Schnüren Holzperlen daran befestigt. Wenn ein Schwein, dessen Verhalten ich korrigieren muss, beißt, die Tapeten anfrisst oder sich gerade anschickt, auf den Teppich zu pieseln, lasse ich dieses klappernde Bündel so auf den Boden fallen, dass die Kleinen nicht merken, dass ich es bin, die diesen Lärm macht. Die meisten Schweine erschrecken und hören augenblicklich mit der verbotenen Handlung auf. Sie denken, sie selbst hätten dieses Geräusch verursacht. Finden Sie selbst heraus, was Ihrem Tier unangenehm ist! Das kann das Zischen einer Flasche sein, das Geräusch eines Kartenspiels, das man durch die Finger schnarren lässt, ein lautes Pfeifen oder Ähnliches. Schon bald werden die Schweine die Unart nicht mehr zeigen, weil sie diesen Ton vermeiden wollen. Diese Methode ist wesentlich effektiver als ein „Nein!“, weil Ihre Minis auch dann artig sein werden, wenn Sie nicht dabei sind. Theoretisch könnte nämlich dieses Klappern auch dann kommen, wenn kein Mensch in der Nähe ist.

Die Wasserspritzmethode Im Freien kann eine kleine Kinderspritzpistole sehr hilfreich sein. Im richtigen Moment ein gezielter, fester Strahl mit kaltem Wasser auf den dicken Schweinepopo geschossen, hat schon so manches Blumenbeet vor der Verwüstung gerettet.

Wenn Sie Ihr Blumenbeet noch retten möchten, müssen Sie nun handeln!

So werden Minis stubenrein

Obwohl Minischweine sehr reinliche Tiere sind, müssen sie nach der Ankunft bei Ihnen erst einmal lernen, dass Ihre Wohnung nun ihr Zuhause ist. Wie bei allen jungen Tieren kann ein kleines oder großes Malheur passieren. Wenn Ihr Familienzuwachs anfangs im Haus übernachten soll, müssen Sie einige Regeln beachten, um keine unangenehmen Überraschungen zu erleben. Die folgenden Empfehlungen gelten aber wirklich nur für die Anfangszeit. Später hat eine Schweinetoilette im Haus nichts mehr zu suchen! Es ist nicht artgerecht, wenn Schweine sich dauerhaft in einer Plastikwanne lösen müssen, zumal die Treffsicherheit mit zunehmender Größe der Schweinchen enorm nachlässt. Große und kleine Hinterlassenschaften gehen dann sowieso daneben und werden spätestens jetzt zum hygienischen Problem in Ihrer Wohnung.

1+2 „Wo geht's denn hier zur Schweinetoilette?"

3 Ein Schweinchen, das ins Trinkwasser oder in die Suhle uriniert, hat noch viele Urinstinkte (siehe Kasten).

Die ersten Tage

Lassen Sie die kleinen Racker nicht in einem Zimmer übernachten, in dem ein Teppich liegt! Der weiche Untergrund animiert geradezu, kleine Hinterlassenschaften in

1

2

eine Zimmerecke zu „legen". Küche, Flur oder Bad sind besser als Schlafzimmer geeignet. Bieten Sie, so weit wie möglich vom Körbchen entfernt, ein Katzenklo an, das mit mehreren Lagen Zeitungspapier ausgelegt ist. Katzenstreu eignet sich nicht, da die Streu an den Klauen hängen bleibt.
Wenn Ihre Schweinchen ins Zimmer gemacht haben, bringen Sie das Corpus Delicti gemeinsam mit ihnen in die Katzentoilette und setzen Sie Ihre Minis vorsichtig in die Plastikwanne. Für größere Minischweine eignen sich Unterteile von Kleintierkäfigen oder Ölwannen aus dem Baustoffhandel besser, weil sie mehr Grundfläche haben, aber dennoch flach genug sind, dass ein Minischwein über den Rand steigen kann.
Wenn ausgerechnet Ihre Minis zu den Schweinen gehören, die partout nicht auf die Katzentoilette gehen, dann legen Sie das ganze Zimmer, in dem sie sich aufhalten, mit Zeitungspapier aus. Nehmen Sie täglich etwas weniger Papier, bis nur noch eine Ecke des Zimmerbodens bedeckt ist. Inzwischen haben sich die Schweine schon daran gewöhnt, auf Papier zu machen. Sie werden zielstrebig dieses letzte Stück ansteuern. Wenn Sie nun am nächsten Tag das Papier ganz entfernen, werden Ihre Minis danach suchen. Sie können es nun noch einmal mit dem Katzenklo versuchen, oder aber Sie legen eine Lage Papier im Garten dort aus, wo die Toilettenecke angelegt werden soll, oder wo die Schweinchen ohnehin schon hingemacht haben, wenn sie draußen waren. Spätestens nach ein paar Tagen ist jedes Minischwein stubenrein!
Nebenbei erwähnt: Wundern Sie sich bei dieser Methode nicht darüber, wenn Sie morgens Papierstreifen im Körbchen finden! Minischweine bauen gerne selbst ihre Schlafnester und nehmen dafür alles, was nicht niet- und nagelfest ist; Plastikplanen, Papier, Äste, Zweige, Stroh, Decken und dergleichen mehr.

Info

Duftspuren im Wasser

Viele Schweinebesitzer haben mich schon gefragt, warum Schweine denn so gerne in die eigene Suhle oder gar ins Trinkwasser urinieren. Es passe doch so gar nicht dazu, dass sie so reinliche Tiere seien. Wildschweine urinieren ins Wasser, um für eventuelle Verfolger die Duftspuren zu verwischen. Wenn Ihr Mini also ein derartiges Verhalten zeigt, hat es noch sehr viele Urinstinkte. Dagegen können Sie nichts tun.

3

Clickertraining mit Minischweinen

Der Reifen gehört zur Standardausrüstung beim Clickertraining und wird von den Minis spielend gemeistert.

Wer mit Minischweinen arbeitet und ihnen ver schiedene Kunststücke beibringen möchte, sollte wissen, wie Tiere lernen, leben, denken und fühlen. Ein Blick in die Natur kann hier helfen. Das Leben eines Wildschweins unterliegt einem Rhythmus, der geprägt ist von Schlaf- und Ruhephasen, aber auch ausgedehnten Streifzügen zur Nahrungssuche. Rund neun Stunden täglich ist ein Schwein normalerweise mit Letzterem beschäftigt. Sein Magen ist daran gewöhnt, ständig in kleinen Mengen Futter aufzunehmen. Deshalb sind Ratschläge mancher Hundetrainer, die Tiere vor dem Üben hungern zu lassen, nicht nur herzlos, sondern im Falle des Schweins sogar ungesund und kontraproduktiv. Für ein Schwein wäre es eine große körperliche und psychische Belastung. Ich würde im Übrigen auch nicht wollen, dass mein Tier nur arbeitet, weil es Hunger hat. Denn Clickern soll Spaß machen, Haltern wie ihren Tieren. Clickern soll die Tier-Mensch-Beziehung verbessern, Clickern heißt freiwilliges, freudiges Arbeiten ohne Zwänge. Und Hunger ist ein Zwang! Durch Versuch und Irrtum lernen Tiere, in freier Natur zu überleben. Sie lernen erfolgsorientiert. Eine Handlung, die sich nicht lohnt, wird nicht wiederholt. Das Clickertraining ermöglicht ein harmonisches Zusammenleben zwischen Mensch und Tier. Es geht in der Minischweinhaltung zwar nicht ums Überleben, aber um ein Zusammenleben, bei dem sich alle Familienangehörigen wohl fühlen. Und Schweine fühlen sich nur dann wohl, wenn sie entsprechend ihrer Intelligenz gefordert und gefördert werden. Sie langweilen sich sonst und werden unzufrieden. Ganz nebenbei haben sich im Zuge der Ausbildung meiner Schweine wie von selbst auch Erziehungsprobleme gelöst. Gerade in der Korrektur ehemals schwieriger Tiere, die ein gestörtes Verhältnis zum Menschen haben, hat sich die Arbeit mit dem Clicker bewährt.

Info

Die Vorteile des Clickertrainings

Schweine werden niemals müde, neue Ideen zu präsentieren. Das Clickertraining ist eine wundervolle Möglichkeit, ihnen Lernen wie in der Natur zu bieten. Versuch, Erfolg und Irrtum, das alles gehört zum Alltag eines Wildschweins. Es ist keine Spielerei und schon gar keine Spinnerei, den herausragenden Geist dieser intelligenten Tiere zu beschäftigen. Dass es auch uns Menschen Spaß macht, ist nur ein Nebenprodukt. Das Clickertraining dient nicht unserem Amüsement, sondern hilft den Tieren, ihre Langeweile zu überwinden, sich sinnvoll zu beschäftigen und ganz nebenbei dadurch Verhaltensstörungen abzulegen. In Konfliktsituationen zu clickern, hat schon so manche Beißerei verhindert, so manches Schwein nach dem Tierarztbesuch wieder beruhigt und so manchen Ortswechsel stressfrei gestaltet. Die Ausbildung mit dem Clicker wirkt sich positiv auf die Erziehung, das allgemeine Miteinander aus. Es wird akzeptiert, dass der Mensch bestimmt, was die Schweine zu tun und zu lassen haben. Einem Rottenführer, von dem ein Schwein so viel lernen kann, „widerspricht" das Schwein auch nicht. Das Verhältnis zwischen Ihnen und Ihren Schweinen wird von gegenseitiger Achtung, Liebe und Vertrauen geprägt sein, wenn Sie mit Ihren Tieren arbeiten.

Clickern – mit dem „Knackfrosch"

Ich habe ihn nun schon mehrfach erwähnt, den Clicker, den wir als Knackfrosch aus unserer Kindheit kennen und den es heute als kleines Kästchen mit Metallplättchen oder mit Druckknopf gibt. Je nach Empfindlichkeit des Gehörs kann man ihn in verschiedenen Lautstärken bekommen. Ob laut, leise, ob es knackt, raschelt oder pfeift, ist für den Erfolg jedoch nicht wichtig; Hauptsache, dieses Geräusch ist positiv besetzt. Unser Schweinchen weiß, wenn es dieses Geräusch hört: „Das hab ich richtig gemacht!" Genau das wollen wir mit dem Clicker erreichen; positives Verhalten soll belohnt werden, punktge-

nau und in immer gleichem Ton. Wer ist schon immer gleich gut gelaunt, wer hat schon immer dieselbe Geduld? Weder Tier noch Mensch empfinden ein genervtes, ungeduldiges Lob wie etwa „na, endlich hast du es kapiert" nach vielen Fehlversuchen als Bestätigung. Natürlich sollten Sie mit schlechter Laune weder ein Tier noch ein Kind ausbilden, aber kleinste Nuancen in der Stimmung kann der Clicker ausschalten, weil er immer gleich klingt.

Lob und Belohnung – oft scheint es so, als ob selbst Mütter und Väter kaum wissen, dass es so etwas in der Erziehung gibt. Es wird getadelt, geschimpft, gestraft. Bei Tierhaltern scheint die Hemmschwelle zum Schimpfen, Schreien und Schlagen noch sehr viel niedriger zu sein. Was damit erreicht wird, ist im besten Fall ein Vermeidungsverhalten, um Strafe zu entgehen. Aber wehe, wenn Herrchen oder Frauchen nicht in der Nähe ist! Dann wird eben doch die Tapete angefressen oder Topfblumen werden zur Buddelwiese erklärt. Im schlimmsten Fall zerstören harte Strafen dauerhaft das Vertrauen zwischen Mensch und Tier. Für einen kurzfristigen „Erziehungserfolg" ist dieser Preis zu hoch!

Das Clickerspiel

Und jetzt kann es losgehen – oder? Nein, leider immer noch nicht, denn es fehlen noch die Leckerchen. Und die sind ganz besonders wichtig, weil der Clicker ein Versprechen auf eine Belohnung ist. Finden Sie heraus, was Ihren Schweinchen besonders gut schmeckt und füttern Sie diese Leckereien bitte nur noch, wenn geclickert wird!

Zum Üben sollen Sie jetzt erst einmal einen Menschen clickern. Sie haben richtig gelesen! Einen Menschen.

Am besten klappt es mit Kindern, weil sie ähnlich unbefangen reagieren wie Tiere. Erwachsene denken zu viel hinein in das Prinzip, sind oft zu verkopft und zu ver-

Kinder machen begeistert bei der Ausbildung der Minischweine mit.

krampft. Kinder hingegen finden dieses Spiel toll. Erklären Sie Ihrem Kind, dass es etwas richtig gemacht hat, wenn es den Click hört. Es ist ähnlich wie das Spiel „heiß-kalt", mit der Ausnahme, dass das „Kalt" entfällt. Bei falschem Verhalten passiert gar nichts. Nach jedem Click (heiß) darf das Kind sich ein Gummibärchen nehmen oder was es sonst gerne mag. Denken Sie sowohl bei Kindern als auch Schweinen daran, diese Portionen von den Mahlzeiten abzuziehen! Übergewicht ist sonst die unweigerliche Folge des Clickerns.
Sie sollten vor allem dann mit Ihren Kindern clickern, wenn sie später bei der Ausbildung der Schweine helfen

sollen. Sie verstehen so eher, wie das mit dem Clicker funktioniert und entwickeln Verständnis für die Leistung, die die Schweinchen erbringen müssen.

Das Spiel mit dem Clicker Die kleine, vierjährige Johanna kommt ins Zimmer. Ich erwarte von ihr, dass sie die Schneekugel, die auf dem Sekretär steht, schüttelt. Ich rede nicht mit Johanna, die mich unschlüssig ansieht. Sie sieht sich im Zimmer um. Als sie zufällig in die richtige Richtung blickt, gibt es einen Click. Sie versteht nicht genau, schaut aber doch wieder in dieselbe Richtung und macht dabei sogar einen Schritt nach vorne. – Click – Nun wird sie forsch, geht weiter und bekommt wieder einen Click. Vor dem Sekretär bleibt sie unschlüssig stehen. Es geht nicht weiter, also geht sie wieder einen Schritt zurück. – Keine Reaktion von mir. Sie geht den Schritt wieder vor. Click. Sie wiederholt diese Phase zweimal und merkt, dass sie am Ziel angekommen ist und nun etwas tun muss. Sie schaut die Schneekugel an. Click. – Sie berührt die Schneekugel – Click. – Sie hebt sie hoch – Click.– Sie setzt sie wieder ab, nichts passiert. Sie hebt sie wieder hoch und schüttelt sie. Ein Strahlen geht über ihr kleines Gesicht, als ich ihr durch den Clicker signalisiere, dass sie es richtig gemacht hat. Je häufiger wir dieses Spiel spielen, umso schneller erkennt Johanna, was sie tun soll. Gummibärchen interessieren gar nicht mehr, Erfolg will sie haben, Lob will sie hören. Dieses Spiel vertreibt an düsteren Regentagen unseren Kindern die Langeweile. Sie spielen es auch gerne ohne uns.

Dieser Gesichtsausdruck ist eindeutig: „Was machen wir als Nächstes?"

Der Clicker wird geladen

Jetzt haben Sie das Prinzip verstanden und gleichzeitig auch etwas für Ihre Reaktionsschnelligkeit getan. Schnell und punktgenau zu reagieren, ist nämlich außerordentlich wichtig. Sie müssen gehörig aufpassen, nicht an der falschen Stelle zu clicken, weil die falsche Übung dann

sofort sitzt. Trainieren Sie also immer wieder ein präzises Timing! Das ist das A und O des Clickertrainings.
Ihre Schweinchen wissen nun aber noch immer nichts über den Clicker. Sie müssen erst noch lernen, dass dieses Geräusch eine Belohnung verspricht. Das dauert nur wenige Sekunden. Ich arbeite derzeit mit vier Schweinen. Es hat bei keinem länger als maximal 20 Sekunden gedauert. Clickern Sie anfangs mit jedem Tier einzeln! Rufen Sie das Tier, das an der Reihe ist, mit seinem Namen und machen Sie es freundlich auf das Clickern aufmerksam! Benutzen Sie niemals den Clicker selbst, um das Tier zu sich zu locken, machen Sie es niemals mit dem Clicker aufmerksam! Der Clicker wird ausschließlich zur Belohnung eingesetzt, sonst ist er für die Ausbildung verloren.
Ich fange unsere Lektionen immer wie folgt an: „Maja, wollen wir etwas tun, wollen wir clickern?“ Die Schweine verstehen es sehr schnell, je öfter wir clickern, umso besser. Und sie kommen dann freudig angelaufen.
Bevor Sie beginnen, legen Sie sich alles zurecht, was sie beim Üben brauchen, nämlich die richtigen Belohnungshäppchen. Meine Schweine lieben „Zini Minis“, andere gehen für Rosinen durchs Feuer. Nehmen Sie auf jeden Fall etwas, was die Schweine schnell aufnehmen und schlucken können. Und vor allem muss es gut riechen, weil Schweine kurzsichtig sind und sonst zu lange suchen müssten.
Und nun fangen Sie an, Ihr Minischweinchen auf den Clicker zu konditionieren, den Clicker buchstäblich positiv aufzuladen: Click – Leckerchen! Click – Leckerchen! Click – Leckerchen! Wiederholen Sie das schnell so oft, bis das Schwein Sie schon erwartungsvoll anschaut, wenn es den Click hört, oder nach dem Clickgeräusch nach dem noch nicht gefallenen Leckerchen sucht. Dann hat es verstanden, dass nach dem Click immer eine Belohnung kommt.

Info

Versprechen muss man halten!

Der Click ist ein Versprechen, das Sie unbedingt halten sollten. Gerade Schweine reagieren sehr sensibel auf nicht gehaltene Versprechen. Ob das immer ein Leckerli sein muss oder eine Schmuserunde, hängt vom Typ Ihres Minis ab. Meine verstorbene Tilly hat zum Schluss nur noch um des Arbeitens willen gearbeitet. Der Erfolg und meine ungeteilte Aufmerksamkeit während der Übungsstunden waren ihr Lohn genug. Leckerchen ließ sie achtlos liegen.

Unser Clickerschwein Theo mischt die Karten.

Das erste Kunststück

Sie haben sich natürlich auch schon vorher überlegt, welches Kunststück Ihr Mini zuerst lernen soll. Am leichtesten fällt fast allen Tieren der Einstieg über das Berühren eines Gegenstandes (Ball, Würfel, Targetstick). Beginnen wir mit einem Ball! Verfahren Sie genauso wie bei der kleinen Johanna und beachten Sie folgende Regeln:

▸ Jeder noch so kleine Schritt in die richtige Richtung wird mit einem Click und Leckerchen belohnt. Sie werden erstaunt sein, wie schnell der Ball nicht nur mit dem Rüssel berührt, sondern auch gekullert wird.

▸ Üben Sie ungefähr eine Minute und machen Sie dann eine Minute Pause!

▸ Hören Sie immer dann auf, wenn die Übung richtig war, nie, wenn das Schwein einen Fehler gemacht hat!

▸ Belohnen Sie den letzten Schritt mit dem so genannten Jackpot, d. h. das Schweinchen bekommt ein paar Leckerlis mehr als vorher. Beenden Sie die Arbeit mit einem freundlichen „Vorbei!" und nehmen Sie den Ball auf! Das Schwein würde sonst weiterspielen und anfangs nicht verstehen können, warum es denn nun kein Lob mehr bekommt.

▸ Nach der Pause machen Sie Ihr Schweinchen mit denselben Worten wieder aufmerksam wie anfangs! Und dann fängt das Spiel von vorne an.

▸ Wenn die Übung sitzt, d. h. Ihr Schwein zu mindestens 85 % zeigt, was Sie sehen wollen, können Sie anfangen, ein Hör- oder Sichtzeichen einzuführen. Sagen Sie z. B., kurz bevor das Schwein den Ball mit dem Rüssel berührt, „Touch!". Ab jetzt bekommt Ihr Mini nur noch den Click und das Leckerli, wenn Sie vorher das Hörzeichen gesagt haben. Jedes andere Berühren des Balls wird ignoriert.

▸ Sie brauchen keine Angst zu haben, dass Sie nun ein Leben lang mit dem Clicker herumlaufen oder ständig Leckerlis werfen müssen. Die Belohnung wird schritt-

Gleich ist der Tunnel geschafft.

weise variabel eingesetzt. Mal gibt es beim dritten richtigen Versuch eine Belohnung, mal beim fünften, dann wieder beim ersten usw. Versuchen Sie, kein Schema in das variable Lob zu bringen! Ihr Schwein würde ruckzuck das Schema erkennen und Sie austricksen.

Kleine Tricks, die Spaß machen

Durch einen Stofftunnel laufen

Besorgen Sie sich im Spielwarenhandel einen Krabbeltunnel für Kinder! Die meisten Minis passen durch den Tunnel. Und diese Variante ist deutlich preiswerter als ein echter Agility-Tunnel. Bei einem „Endmaßschweinchen“ müssen Sie allerdings einen Tunnel aus dem Hundesport verwenden, weil Ihr Mini sonst stecken bleiben würde. Legen Sie den Tunnel in einem Raum aus, der nicht zu groß ist und keine sonstige Ablenkung bietet! Ihr Mini wird schnell wissen wollen, was dieses wackelige Ding denn soll. Und los geht's! Click und Leckerli werden im Folgenden mit C und L abgekürzt:

- Es schaut hin – C und L.
- Es geht in die Richtung – C und L.
- Es berührt ihn – C und L.
- Vielleicht versucht es nun, ihn zu kullern – kein C und L.
- Es ist irritiert, berührt ihn aber wieder – C und L.

Tipp

Spaß beim Clickern – so klappt's!

Beobachten Sie Ihre Tiere gut, haben Sie Geduld, seien Sie einfühlsam und gehen Sie kleine Schritte! Scheuen Sie sich nicht, auch einmal einen Schritt zurück zu gehen! Das ist das Schöne am Clickern – Sie können immer wieder von vorne beginnen, es entstehen weder Stress noch Angst bei Ihrem Tier.
Setzen Sie weder sich noch Ihr Schwein unter Erfolgsdruck! Suchen Sie „Fehler“ immer zuerst bei sich selbst! Denken Sie daran, dass das Clickern kein Wettbewerb ist, sondern Sie Ihre Minischweine damit sinnvoll beschäftigen möchten. Haben Sie einfach Spaß beim Clickern!

1 *Schweine lernen ortsbezogen.*

2 *Üben Sie daher in unterschiedlichen Umgebungen!*

3 *Eine Variante des Targettrainings: Theo soll das Gummipferdchen genau auf die Nase „küssen".*

Sie können Ihrem Schwein auch etwas helfen, indem Sie ein Leckerli in den Tunnel werfen. Diese Übung klappt am besten mit einem Assistenten, der von der anderen Seite des Tunnels das Leckerli wirft:

- Es steckt vorsichtig den Rüssel hinein – C und L.
- Es geht einen Schritt hinein – C und L.
- Sie clicken bei jedem Schritt, den das Schwein sich vorwärts bewegt.
- Den letzten Click gibt es, wenn Ihr kleiner Artist mit beiden Hinterbeinen ganz durch den Tunnel durchgelaufen ist. Geschafft!

Alle meine sich in Ausbildung befindenden Minis haben den Tunnel innerhalb von maximal einer Minute gemeistert. Das kann auch Ihr Schweinchen! Ähnlich funktioniert das mit einem Reifen. Diese Übungen haben außerdem einen praktischen Hintergrund: Auf dieselbe Art können Sie Ihrem Schwein beibringen, in eine Transportbox zu steigen. Das ist wichtig, z. B. für einen Tierarztbesuch oder bei einem Umzug.

Einen Würfel kullern

Die Übung mit dem Schaumstoffwürfel können Sie direkt nach dem Ball einführen (siehe Seite 106). Es funktioniert genauso, allerdings muss der kleine Rüssel unter die Kanten geschoben werden, damit der Würfel kullert. Der Würfel ist das absolute Lieblingsgerät all meiner Schweine. Sie steigern sich richtig hinein und werfen ihn teils hoch durch die Luft.

Eine Glocke läuten

Befestigen Sie eine große Türglocke mit Seil in Rüsselhöhe an einem stabilen Gestell, das nicht sofort umfällt.

- Ihr Schwein ist jetzt schon erfahren und wird schnell das Tau berühren – C und L.

▸ Wenn es immer wieder nur berührt, anstatt das Seil zwischen die Zähne zu nehmen, belohnen Sie nicht mehr! Die meisten Schweine sind dann irritiert, werden übereifrig und packen in leichter Wut, weil sie kein Lob fürs Berühren mehr bekommen, das Seil fester an.
▸ Daraufhin gibt es wieder C und L. Und schon läutet die Glocke!

Einen Korb tragen

Zuerst bekommt das Berühren des Korbes C und L. Wenn Sie das einfache Berühren des Korbes nach ein paar Versuchen ignorieren, wird Ihr Mini etwas anderes anbieten und mit Sicherheit irgendwann den Henkel finden. Dann clicken Sie nur noch, wenn der Korbhenkel berührt wird. Auch das ignorieren Sie nach einigen erfolgreichen Versuchen. Mit wachsender Ungeduld wird Ihr Schweinchen in den Henkel beißen. Der erste Schritt zum Tragen ist gemacht. Nun muss nur noch behutsam die Zeitspanne des Tragens verlängert werden. Etwas Erdbeermarmelade oder Joghurt am Henkel können dabei helfen.

Target-Training

Übungen mit dem Target-Stab (ersatzweise mit einer Fliegenklatsche) sind einfach zu erlernen und machen allen Beteiligten viel Spaß.
▸ Halten Sie Stab oder Fliegenklatsche in die Nähe des Rüssels. Wenn das Schweinchen den Stab ganz unten berührt, – C und L.
▸ Nachdem diese leichte Übung mehrmals wiederholt wurde, ziehen Sie den Stab langsam Stück für Stück von Ihrem Schwein weg, damit es ihm folgen muss, um ihn zu berühren. – C und L.
▸ Es dauert nicht lange und Ihr Minischweinchen wird dem Stab überallhin folgen, im Slalom, Kurven oder rückwärts laufen.

Wichtig!

Vor dem Spaziergang beachten

Erkundigen Sie sich vor dem ersten Spaziergang unbedingt bei Ihrem zuständigen Veterinäramt, ob in Ihrem Landkreis Spaziergänge mit Schweinen überhaupt erlaubt sind.
Sind Seuchen in der Nähe, werden Sie kaum eine Erlaubnis bekommen, weil dann sogar jede Freilandhaltung verboten ist. Sie sollten dann in Ihrem eigenen und im Interesse Ihrer Minischweine auf keinen Fall heimliche Spaziergänge machen. Hohe Strafen für Sie und möglicherweise der Tod Ihrer Lieblinge könnten die Konsequenzen sein. Hat Ihr Veterinäramt keine Einwände, steht dem ersten kleinen Ausflug nichts im Wege.

3

Theo liebt diese Übung und macht gleich noch ein Nickerchen.

▸ Halten Sie den Stab leicht über seinen Kopf, so dass es den Rüssel stark anheben muss. Um die Fläche zu berühren, wird es sich irgendwann dabei hinsetzen. Und schon wieder hat es ein neues Kunststück gelernt.

Sich hinlegen

Beobachten Sie Ihr Schweinchen! Wenn es sich hinlegt – C und L. Es wird nun gleich wieder aufstehen, weil es das Leckerchen fressen möchte. Das können Sie verhindern, indem Sie das Leckerli entweder direkt vor den kleinen Rüssel legen oder es aus der Hand füttern. Steht Ihr Mini trotzdem auf, so dauert es vermutlich lange, bis es sich wieder hinlegt, zumindest zu lange, als dass es sehr schnell einen Zusammenhang erkennen könnte zwischen dem Niederlegen und der Belohnung. Sie können nun mit dem Targetstab das Bäuchlein so berühren, dass das Schweinchen sich zum Kraulen niederlegt. Sofort gibt es C und L. Ich habe diese Übung mit dem Hörzeichen „Schlaf gut!" verknüpft. Besonders Kinder finden es toll, wenn sich mein Theo hinlegt und gelegentlich tatsächlich einschläft. Die Dauer des Liegens können Sie verlängern, indem Sie mit viel Fingerspitzengefühl immer etwas später clicken.

Benehmen im Alltag

An Geschirr und Leine gewöhnen

Viele Minischweinhalter möchten ihre Schweinchen gerne zu Spaziergängen mitnehmen. Je nach Wohnlage geht das natürlich nur mit Geschirr und Leine. Wenn Sie direkt am Rand einer großen Wiese oder eines Waldstücks leben, folgen Ihnen Ihre Schweine normalerweise frei. Liegt aber eine Straße dazwischen, so sollten Sie die Tiere unbedingt anleinen. Es ist ohnehin recht praktisch, wenn Minischweine an die Leine gewöhnt sind. Spätestens bei einem Umzug oder einem nötigen Tierarztbesuch zahlt sich der Aufwand aus. Und so gehen Sie vor:

- Wenn Sie ein Geschirr gefunden haben, das Ihrem Schwein gut passt, halten Sie es Ihrem Schwein vor den Rüssel.
- Wie beschrieben, wird jedes Hinschauen, später jedes Berühren mit C und L belohnt. Geben Sie das Leckerchen, aus der Hand so, dass Ihr Mini seinen Rüssel durch die Öffnung des Kopfstücks stecken muss, um die Belohnung zu bekommen.
- Gehen Sie bei dieser Übung sehr langsam und behutsam vor! Hat sich nämlich erst einmal das Geschirr als etwas Bedrohliches ins Gehirn eingebrannt, ist es schwer wieder zu korrigieren.
- Langsam streifen Sie das Geschirr über den Rüssel, arbeiten sich mit C und L Stück für Stück bis zum Hals vor und lassen es lose so liegen. Dieser erste Erfolg wird mit dem Jackpot belohnt.
Es kann mehrere Tage dauern, bis Ihre Schweinchen sich auch die Vorderbeine ins Geschirr stecken und den Bauchgurt schließen lassen. Aber es lohnt sich, sich diese Zeit zu nehmen. Ein Geschirr ist wie die „Umarmung" eines Beutegreifers, also etwas Bedrohliches. Je mehr Zeit Sie Ihren Tieren lassen, das Geschirr zu akzeptieren, umso entspannter werden Ihre späteren Spaziergänge sein.
- Wenn sich Ihre Schweinchen widerstandslos das Geschirr anlegen lassen, können Sie es an die Leine legen und es mit dem schon bekannten Targetstick bei Fuß laufen lassen. Jeder Schritt wird mit C und L belohnt. Schnell können Sie variabel belohnen und Hörzeichen wie „Fuß!" oder „Lauf mit!" einführen. Schweinchen, die regelmäßig clickern, lernen das sehr schnell. Geschirr und Leine sind wie ein Band, das den Tieren in fremder Umgebung Sicherheit gibt.

Info

Clickerseminare für Minis

Dieses Kapitel kann natürlich nur einen groben Überblick über die fast unbegrenzten Möglichkeiten des Clickerns geben. Wer tiefer in Theorie und Praxis einsteigen möchte, findet auf unserer Homepage www.schweineart.de immer unsere aktuellen Seminartermine. In unserem Forum oder auch telefonisch geben wir gerne weiter Auskunft und Hilfestellung, nicht nur zum Thema „Clickern mit Schweinen".

Hier werden Besucher freundlich begrüßt.

Besucher freundlich empfangen

Der Clicker kann Ihnen über die Beschäftigung für die Tiere hinaus helfen, Verhalten umzulenken, das wir Menschen als störend empfinden, für Schweine aber ganz normal ist. Dass Schweine ab einem gewissen Alter Besucher nur noch ungern in Haus und Hof lassen, hat etwas mit ihrem stark ausgeprägten Territorialverhalten zu tun.

Dominante Minis verhalten sich meist lockerer gegenüber Eindringlingen als Schweine, die in der Hierarchie weiter unten stehen. Letztere fürchten, durch Eindringlinge in der Rangordnung noch tiefer abzurutschen und wehren sich natürlich dagegen. Sie sind dann nicht bösartig, sondern eben Schweine. Trotzdem dürfen Sie dieses Verhalten nicht einfach dulden oder ignorieren, wenn Sie nicht den Rest Ihres Lebens nur noch mit Schweinen verbringen wollen. Menschliche Besucher finden Schweineattacken nämlich absolut nicht lustig und werden sich zukünftig überlegen, ob ein Besuch bei Ihnen es ihnen wert ist, von einem Minischwein gebissen zu werden.

Wie Sie auf konventionelle Art etwas gegen das Beißen von Besuchern tun können, lesen Sie auf Seite 94. Es gibt aber auch Übungen mit dem Targetstick bzw. der Fliegenklatsche, die das Beißen unterbinden.

Zeigen Sie Ihren Gästen, wie man mit der Fliegenklatsche und dem Clicker umgeht! Lassen Sie Besucher einfache

Übungen mit Ihrem Schweinchen machen, und Sie werden sehen, wie sehr sich Ihr kleiner Haustyrann zukünftig freuen wird, wenn Besuch kommt. Lassen Sie Besucher aber wirklich nur dann Leckerchen werfen, wenn Ihr Mini etwas dafür getan hat. Aus der Tierpsychologie wissen wir, dass der Click glücklich macht. Tiere, die mit positiver Verstärkung erzogen werden, schütten Dopamin aus. Dieser Neurotransmitter sorgt dafür, dass sie ein bisschen „high" werden. Sie bekommen dieses Gefühl nicht beim Füttern des Leckerlis, sondern beim Erfolg ihrer Übung. Deshalb sind fast alle Tiere so verrückt nach dem Clicker.

Clickern mit blinden Schweinen

Wie bereits erwähnt, erblinden Schweine leider oft, wenn sie überfüttert werden. Manche Hängebauchschweine haben als genetischen Defekt zu kleine Augäpfel.
Es versteht sich von selbst, dass man mit diesen Tieren anders arbeiten muss als mit gesunden. Beim Clickern achten die „Schüler" sehr auf unsere Körpersprache. Das können blinde Schweine natürlich nicht. Daher müssen wir viel über Laute, Gerüche und den Tastsinn erreichen. Der Targetstab sollte intensiv riechen, wenn blinde Schweine ihm folgen sollen. Dann kann er genauso eingesetzt werden wie bei gesunden Tieren.
Für unsere behinderten Lieblinge ist es besonders wichtig, sich beim Arbeiten sicher zu fühlen . Wir müssen viel mit ihnen reden, was ansonsten beim Clickern eher nicht erwünscht ist.
Blinde Schweine können lernen, Gegenstände aus einer Sandkiste (flacher Karton mit Sand) zu suchen. Oder mit einem Vorderbein auf einen Plastikdeckel zu treten. Dieser Deckel kann auf verschiedenen Gegenständen befestigt werden und bildet so den Ausgangspunkt für weitere Kunststücke.

Service

Zum Weiterlesen

Alberts, Andreas & Peter Mullen:
Giftpflanzen in Natur und Garten,
Kosmos 2003

Benecke, Norbert:
Der Mensch und seine Haustiere.
Die Geschichte einer jahrtausendealten Beziehung, Theis 1994

Hellwig, Ernst-Günther:
Schweinekrankheiten, Ulmer 1996

Jeroch, Heinz, Drochner, Winfried, Ortwin Simon:
Ernährung landwirtschaftlicher Nutztiere, UTB Für Wissenschaft, Ulmer 1999

Kremer, Bruno P.:
Giftpflanzen, Kosmos 2005

Meynhard, Heinz:
Schwarzwildreport. Mein Leben unter Wildschweinen, Neumann 1990

Möllers, Florian:
Wildschweine. Kosmos 2003

Pryor, Karen:
Positiv bestärken, sanft erziehen. Die verblüffende Methode nicht nur für Hunde, Kosmos, 2. Aufl. 2006

Sambraus, Hans Hinrich:
Farbatlas der Nutztierrassen.
250 Rassen in Wort und Bild, Ulmer 2001

Tellington-Jones, Linda & Sybil Taylor:
Der neue Weg im Umgang mit Tieren.
Kosmos, 2. Aufl. 2005

Nützliche Adressen

Autorin

www.schweineart.de
Die Homepage des Vereins Menschen für Schweine e.V.
Vorsitzende
Elke Striowsky
Zum Herrensand 3
26169 Friesoythe
Tel.: 04495-921993
Email: Pigmama@gmx.de

Streicheln gehört dazu: Eine Führung auf dem Schau- und Lehrhof ist ein tolles Erlebnis.

Kliniken für Minischweine

Uniklinik Gießen Schweineabteilung:
0641-9 93 88 23
0641-993 88 21
0641- 9 93 88 22
Bereitschaft: 0641/ 9938825

Tierärztliche Hochschule Hannover
Klinik für kleine Klauentiere
Bischofsholer Damm 15
Haus 121
30173 Hannover
Tel.: 0511-856 75 85
Fax: 0511-95 6 76 84

http://www.tiho-hannover.de/einricht/klklkl/index.htm
e-mail:mganter@klklkl.tiho-hannover.de

Tierseuchenkassen

Bayern
Bayrische Tierseuchenkasse
Arabellastr. 29
81925 München
Tel.: 089-9 29 90 00

Baden-Württemberg
Tierseuchenkasse Baden-Württemberg
Hohenzollernstr. 10
70178 Stuttgart
Tel.: 0711-96 73 60

Berlin
Landesamt für Arbeitsschutz, Gesundheitsschutz und technische Sicherheit
Altfriedrichsfelde 60
10315 Berlin
Tel.: 030-90 21 55 45

Brandenburg
Tierseuchenkasse Brandenburg
Am Seegraben 18
03058 Gaglow
Tel.: 0355-58 41 50

Bremen
Senator für Gesundheit
Abt. Veterinärwesen der Stadt Bremen
Grosse Weide 4–16
28195 Bremen
Tel.: 0421-3 61 60 65

Hamburg
Behörde für Arbeit, Gesundheit und Soziales, Veterinärwesen
Tesdorpfstr. 8
20148 Hamburg
Tel.: 040-44 19 52 33

Hessen
Hessische Tierseuchenkasse
Aarstr. 1
65183 Wiesbaden
Tel.: 0611-94 08 30

Mecklenburg-Vorpommern
Tierseuchenkasse von Mecklenburg-Vorpommern
Neustrelitzer Str. 120 / Block B
17033 Neubrandenburg
Tel.: 0395-3 80 27 43

Niedersachsen
Niedersächsische Tierseuchenkasse
Brühlstr. 9
30169 Hannover
Tel.: 0511-70 15 60

Nordrhein-Westfalen
Ministerium für Umwelt, Naturschutz und Landwirtschaft
Schwannstr. 3
40476 Düsseldorf
Tel.: 0211-4 56 60

Rheinland-Pfalz
Tierseuchenkasse Rheinland-Pfalz
Kaiser-Friedrich-Str. 7
55116 Mainz
Tel.: 06131-16 44 17

Saarland
Tierseuchenkasse Saarland
Franz-Josef-Röder-Str. 23
61119 Saarbücken
Tel.: 0681-5 01 32 09

Thüringen
Thüringer Tierseuchenkasse
Rollplatz 10
99047 Weimar
Tel.: 03643-83 88 11

Sachsen
Sächsische Tierseuchenkasse
Löwenstr. 7
01099 Dresden
Tel.: 0351-8 06 08 10

Sachsen-Anhalt
Tierseuchenkasse Sachsen-Anhalt
Holzweg 59
39128 Magdeburg
Tel.: 0391-7 21 41 70

Schleswig-Holstein
Minister für Ernährung, Landwirtschaft, Forsten und Fischerei
Düsternbrooker Weg 104
24105 Kiel
Tel.: 0431-8 80 52 42

Zum Weiterklicken

Alles über Minischweine finden Sie unter den folgenden Links im Internet.

www.schweineart.de
www.schweinefreunde.de
www.ig-minischwein.de
www.pigpool.de
www.animal-health-online.de

Ministerium für Verbraucherschutz, Ernährung und Landwirtschaft
Hier können Sie sich unter der Rubrik Tiergesundheit jederzeit über neue Gesetze und Verordnungen informieren.
www.verbraucherministerium.de

Die HI-Tier im Internet/ Zentrale Datenbank für Schweine:
www.hi-tier.de

Link über giftige Substanzen und Giftpflanzen:
www.vetpharm.unizh.ch/CLINITOX/TOXDB/Idx_klt.htm
www.tierschutz.ch/gift/Detail/39g.html

Futter für Minischweine gibt es unter:
www.Ssniff.de

Register

Impressum

Bildnachweis
Mit Farbfotos von B. Banduhn (19 Fotos: S. 19, 21, 22 unten, 26, 27 oben, 28 groß, 30 unten, 31, 38, 46 unten, 53, 68 groß, 83, 86, 98 links, 99, 104, 114 groß); Juniors Bildarchiv (18 Fotos: Vorsatz, Titelei, S. 8 groß, S. 10, 11, 12, 13, 18 oben, 20, 24, 25, 84, 90 groß, 92, 103); Salata/Kosmos (1 Foto: S. 101). Alle weiteren Farbfotos von Elke Striowsky.

Umschlaggestaltung von eStudio Calamar unter Verwendung von Fotos von Juniors Bildarchiv

Mit 120 Farbfotos und zwei s/w-Illustrationen

Bibliographische Information der Deutschen Bibliothek
Die Deutsche Bibliothek verzeichnet diese Publikation in der Deutschen Nationalbibliografie; detaillierte bibliografische Daten sind im Internet über http://dnb.ddb.de abrufbar.

Gedruckt auf chlorfrei gebleichtem Papier

ISBN-13: 978-3-440-10472-9
ISBN-10: 3-440-10472-9
Redaktion: Ute-Kristin Schmalfuss
Gestaltungskonzept: eStudio Calamar
Gestaltung: TypoDesign, Kist
Produktion: Kirsten Raue / Markus Schärtlein
Printed in Czech Republic / Imprimé en République tèchque

KOSMOS

Postfach 10 60 11
D-70049 Stuttgart
TELEFON +49 (0)711-2191-0
FAX +49 (0)711-2191-422
WEB www.kosmos.de
E-MAIL info@kosmos.de

Natürlich und gesund leben

Paul Heiney
Das Kosmos-Buch vom Landleben
192 Seiten, 907 Abbildungen
€/D 16,95; €/A 17,50; sFr 29,–
Preisänderung vorbehalten
ISBN 978-3-440-09904-9

- Der Traum vom Leben auf dem Land – so kann er Wirklichkeit werden
- Obst, Gemüse und Kräuter anbauen, Tiere artgerecht und ökologisch halten
- Mit vielen Rezepten und Tipps zur Vorratshaltung

www.kosmos.de

KOSMOS